U0580482

周文莲／编

马克思主义哲学是大智慧

Marxist Philosophy is Great Wisdom

陈先达／著

人民出版社

目　录

　　哲学是智慧之学。哲学星空群星灿烂,马克思主义哲学是其中最明亮的。我们要想把握住马克思主义哲学这个大智慧,就必须认真学习辩证唯物主义和历史唯物主义基本原理,着重培养理论判断力、辨别力和思考力,提高运用马克思主义哲学分析和解决实际问题的能力。

　　马克思诞生已经200多年,马克思主义创立已经170多年,马克思的名字依然在世界各地受到人们的尊敬,马克思的思想依然闪烁着耀眼的真理光芒,为什么? 因为它占据着真理和道义的制高点:"无论时代如何变迁、科学如何进步,马克思主义依然显示出科学思想的伟力,依然占据着真理和道义的制高点。"

第三章　新时代哲学的现实关注 ················· ／45

在中国特色社会主义新时代,深入揭示社会发展的内在规律,解析我国社会主要矛盾的转化,探究如何满足人民对美好生活的实际需要,应以问题为导向,运用马克思主义哲学阐释现代化建设的中国经验及其内蕴的实践逻辑,为解决全球问题贡献中国智慧。

第四章　理论工作者的素养和品格 ················· ／62

理论要说服人,必须首先要说服自己。只有自己信,才能理直气壮地说服别人。宣传思想工作者是真理的播种者,要用真理教育别人,自己必须为真理所征服。一个在马克思主义立场上东倒西歪站立不稳的人,别指望他能帮助别人站稳。

需要把握其历史传承与哲学内涵,需要从马克思主义哲学角度思考文化自信与经济社会发展的内在关系。

第八章　筑牢文化自信的理论和现实基础 ⋯⋯⋯⋯ ／134

"自信人生二百年,会当水击三千里。"中国人民不会忘记中国历史上的辉煌,不会忘记中华民族曾经的苦难和牺牲的无数先烈。"不忘初心,牢记使命。"实现中华民族伟大复兴,是中国人民的百年梦想,寄托着中国近14亿人民的热切期待,也是真正筑牢文化自信的理论和现实基础。

第九章　人、自然与社会 ⋯⋯⋯⋯⋯⋯⋯⋯ ／150

社会是人与自然关系的中介。认不是作为生物学的个体或群体,而是以社会成员的资格同自然相交往。在一定意义上可以说,社会与自然的关系,无非是从人的活动方式和组织形式角度来把握人与自然的关系;而人与自然的关系,无非是从物质交换的角度来把握的社会与自然的关系。

前　言

　　马克思主义哲学在中国百年发展主要有两个特点。第一个特点,是马克思主义哲学由边缘成为主流。这是中国无产阶级革命胜利在意识形态领域的成果。这个过程,既是中国革命取得胜利的过程,也是马克思主义哲学中国化伟大成果诞生的过程。我们当前面临的问题是如何防止马克思主义哲学再度边缘化。第二个特点,是在中国哲学领域,中、西、马从相互排斥到相互对话、相互吸收、相互结合的过程。在这个过程中,我们学会了如何对待不同的哲学派别,学会了以哲学态度对待哲学,避免哲学过度政治化。我们当前面临的问题是如何进一步开展中、西、马对话,坚持以马克思主义哲学为指导,以中国传统哲学为根,以西方哲学为养料,创造性推进马克思主义哲学的发展,并繁荣哲学各个学科。

　　第一个特点,马克思主义哲学由边缘到主流的过程是中国革命胜利的过程,也是马克思主义中国化伟大成果产生的过程。20世纪初期,中国接受马克思主义和马克思主义哲学的是少数先进分子,他们处于受压制地位,人数不多,手中掌握的舆论工具也很少,可以说是苦斗时期。在北洋军阀和国民党时期,马克思主义被视为洪水猛兽,宣传马克思主义是要坐牢和杀头的。后来,中国共产党有了自己的根据地,特别是到延安以后,人们有了公开宣传和学习马克思主义哲学的权利,延安专门成立了哲学研究会。毛泽东发表的《实践论》和《矛盾论》可以说代表了中国马克思主义哲学的最高水平。但从全国来看,马克思主义哲学仍然处于边缘地位。当时解放区是边区,国民党统治着全国绝大部分地区。在国民党地区,处于主导地位的是国民党的意识形态。马克思主义哲学由边缘地位到主流地位的转变,是随着中国无产阶级革命取得全国胜利而确立的。中国共产党取得执政地位,同时也确立了马克思主义在意识形态中的指导地位。中国革命的胜利,是马克思主义哲学由边缘到主流转变的关键。但是执政地位只能从政治上保证马克思主义哲学的主流地位,其在思想理论领域能否处于主流地位,单纯依靠行政权力是不够的。理论的真正主流地位有赖于理论自身的真理性及其理论魅力。

马克思主义哲学在中国百年发展经历了三个阶段。第一阶段是国民党与共产党两个政权对立,国统区和根据地分治时期。这一时期处于主流地位的是非马克思主义的哲学形态,但马克思主义哲学在国民党统治区为追求中国解放、追求进步的热血青年和进步知识分子所欢迎。这一点只要看看艾思奇的《大众哲学》的发行和传播就知道了。第二阶段是中国革命胜利后直到"文化大革命"结束,马克思主义哲学处于兴旺发达时期。全国干部群众都热烈学习马克思主义哲学,马克思主义哲学的这种地位,维持了 20 多年。我可以毫不犹豫地说,这是马克思主义哲学对广大知识分子和青年哲学家的启蒙教育时期,成绩是巨大的。现在仍然活跃在马克思主义哲学领域的马克思主义哲学工作者有很多是在这个时期培养和成长起来的。以批评教科书体系缺点为依据对这个时期的马克思主义哲学一笔抹杀是片面的。但另一方面,这一时期的马克思主义哲学研究也潜伏着某种危机,那就是在"左"的路线影响下,马克思主义哲学存在的教条化倾向和全国学哲学浪潮中出现的形式主义,影响了马克思主义哲学的声誉。这段时期,马克思主义哲学在我国政治和思想领域处于绝对不可动摇的主导地位,但离马克思主义哲学通过教学真正入脑、入心,成为广大知识分子和青年不可能动摇的世界观和人生观,仍有不小的距离。第三阶段是关于真理标准问题的讨论之后,马克思主义教科书体系和原来我们对马克思主义哲学的理解出现了许多值得讨论的问题。应该说,时代问题和哲学领域提出的挑战,是马克思主义哲学谋求发展、巩固其主流地位的好机会。这个时期思想活跃,但在面对时代问题,包括中国现实问题以及理论问题的挑战时,有的学者由于过分强调哲学自身的学术化,往往对现实问题和理论问题处于失语状态。这对巩固马克思主义哲学的主流地位来说,是一种危险。

最近 40 多年,马克思主义哲学发展出现两种新情况。一是马克思主义哲学繁荣发展出现新的研究领域和分支,涌现不少年轻有为的哲学家。我上哲学研究班时,学马克思主义哲学只有辩证唯物主义和历史唯物主义,现在马克思主义哲学向深度、广度发展,出现了马克思主义价值学、政治学、文化学、文本学等,而且对马克思主义哲学经典的研究也有新深度、新广度。新领域、新人才的出现是非常可喜的现象。但另一方面也出现了新问题,如颇为流行的所谓实践哲学、讲坛哲学、论坛哲学的分离和矛盾的问题。这里的实践哲学是指国家意识形态,即作为党的指导思想的马克思主义哲学中国化的伟大成果;讲坛哲学是指课堂上的马克思主义哲学教学;论坛哲学是指学术杂志上的哲学文章或各种哲学论坛。这三种哲学本应该相互关联。实践哲学的伟大成果应该进教室、进课堂、进头脑,成为课堂哲学的必要内容。这本来是中国马克思主义哲学教学的优势,但由于我们研究不深,照本宣科,往往效果不佳。而论坛哲学比较自由,各种意见都可以发表,其中不少有启发的思想可以吸收,以活泼教学内容和启迪学生思想。这三种哲学相互关联、互相促进,对马克思主义哲学主流地位的巩固是有利的。但如果这三者处于矛盾和脱离状态,论坛新论不断甚至怪论不少,不断以西方哲学为标准对已经过实践检验的基本原理进行质疑,与讲坛教学内容相矛盾甚至相对立,学生就容易无所适从,无法分辨,容易陷于思想混乱,这种情况不利于马克思主义哲学的课堂教学。

在民主革命时期,党的指导思想和马克思主义理论家的理论工作是完全一致的,理论家不是单纯学者,理论工作是革命工作的组成部分。在延安，毛泽东的《矛盾论》《实践论》等既是论文又是讲稿，更是指导思想，三者完全一致。艾思奇、胡绳或其他马克思主义哲学家的哲学演讲及其著作都是如此。新中国成立后前27年也不存在这种分离，杂志上不可能发表质疑甚至不赞成马克思主义哲学的文章，课堂上也不存在三者分离，这或者可以说是在马克思主义哲学基本理论上的"舆论一律"。这种现象并不值得赞扬，它可能窒息哲学思想生机。三者并立是改革开放后出现的现象，是思想理论研究自由度扩大的结果，应该看成是一种进步。有争论比没有争论好，理论上有不同意见比舆论一律好，这有利于马克思主义哲学的发展，避免僵化和教条化。但是我们也应该看到它可能带来一些负面影响。有区分地吸取论坛哲学成果，有分析地借鉴西方马克思主义哲学的成果，而不是单纯求奇、求新、求异见。能否做到这一点取决于我们教师自身的马克思主义哲学水平和鉴别力。如何在这三者之间取得协调并相互促进，是我们当前哲学教学面对的大问题。马克思主义理论研究和建设工程重视教科书的编写，这表明正确处理这三者关系的问题已经得到重视。但仅仅有教科书还不够，关键还在于教师自身的理论水平。有了教科书，如何用好教科书不致变为照本宣科，这仍然是一个问题。

随着中国革命战争的胜利，马克思主义哲学由边缘成为主流，但其主流地位不可能是不可改变的，消解或解构主流意识的言论或观点时有所闻。共产党掌握政权后，马克思主义哲学仍然存在由主流再度边缘化的可能性。这种边缘化可能出现两种情况,一种是如苏联解体,当权者自动解散共产党,取消马克思主义指导地位,政权的丧失必然是马克思主义主流地位的丧失;另一种是马克思主义哲学家面对时代问题和理论问题处于失语状态,而任西方思潮占领理论阵地。长此以往,马克思主义哲学慢慢就会失去主流地位而被边缘化。这种温水煮青蛙的方式同样应该引起高度警惕。在社会主义中国,如果马克思主义哲学逐渐被边缘化,其后果是严重的。苏联解体的教训不能忘记,马克思主义哲学被边缘化是危险的。百年来马克思主义哲学在中国由边缘到主流,我们当前在意识形态领域中的一个重要任务就是要防止由主流到被边缘化。

第二个特点是中、西、马的关系由对立、排斥到交流、对话。中、西、马对话折射出社会变化和哲学视野的变化。在旧中国不可能存在中、西、马对话,新中国成立前马克思主义在中国根本不合法,更无所谓对话。中国哲学研究者对马克思主义哲学不熟悉,也无从对话。当时不仅不存在对话,而且存在对立和排斥。中国在 20 世纪 20—40 年代有过几次大论战,包括科学与人生观论战、社会性质论战以及反对全盘西化和本土化的文化保守主义的论战等。如果说论战也是对话的一种方式,这种相互排斥的论战对话不是我们所追求的对话方式。新中国成立后前 30 年也不存在对话,当时中国哲学、西方哲学,包括中国哲学的学者和西方哲学的学者处于受批判的地位,没有多少发言权。包括冯友兰、贺麟等一批哲学家的遭遇都是如此。受到哲学领域中"左"的路线的影响，虽然也倡导双百方针，但实际上并没有真正落实。可以说当时马克思主义哲学一枝独秀、一家独鸣。这种状态极不正常，不利于哲学的发展，也不利于马克思主义哲学的发展。中、西、马对话发生在改革开放后的当代中国，比较宽松的政治环境为平等对话、交流、相互吸收提供了有利的学术条件。

现在各个不同学科哲学工作者的哲学视野也在发生变化，变得越具客观性和包容性。但开展哲学对话不容易，因为哲学有不同类型。就主要之点说，马克思主义哲学是革命实践型哲学，是以认识世界和改造世界为目的的哲学；中国传统哲学是人生伦理型哲学，强调诚意正心、修身齐家，是追求至善之学；西方哲学则是思辨智慧型哲学。类型不同，它们有各自的范畴和思维模式，以及不同的哲学兴奋点和生长点。如果在当代社会主义中国，中、西、马哲学工作者没有共同的问题意识和共同认可的一些最基本的哲学共识，对话就很难展开。

中国的哲学经过百年发展，积累了很多经验。中国哲学界应是全世界最大的哲学界，能发表哲学文章的杂志是全世界最多的，哲学系、哲学课堂和听哲学课的学生是全世界最多的。国家每年提供的社会科学基金也越来越多。这些都说明中国的哲学发展是很有意义，也是很有潜力的。

我们要重视百年的经验。在社会主义中国，马克思主义哲学的主导地位不能动摇，这是关系中国特色社会主义前途和命运的大问题。中、西、马不能对立，不能重蹈"左"的错误。坚持中、西、马的对话交流和相互吸收,这是各学科的互利共赢,不存在谁吃掉谁的问题。马克思主义要坚持中国化,坚持为解决中国问题而研究;中国传统哲学研究要坚持时代化和现代化;西方哲学研究则要坚持中国人的视角,研究是为丰富中国人的智慧。如果离开中国化,马克思主义哲学就是教条;离开时代化和现代化,片面强调中国传统哲学就是复古;离开中国人的研究视角,西方哲学就不是智慧而是单纯哲学史知识。一句话,在中国研究哲学而与中国无关、与时代无关、与现代无关,只有自我哲学欣赏、自我精神满足,这种哲学研究没有前途、没有希望。

第一章　马克思主义哲学是大智慧

　　哲学星空群星灿烂，马克思主义哲学是其中最明亮的。马克思和恩格斯创立的辩证唯物主义和历史唯物主义,科学揭示了自然、社会和人类思维发展的一般规律,根本改变了哲学与时代、哲学与实践、哲学与革命、哲学与人民的关系,终结了思辨哲学的统治,为无产阶级和人类解放提供了科学世界观和方法论。马克思主义哲学既是哲学世界中的变革,更是变革世界的哲学。马克思主义哲学也改变了哲学与哲学家的关系,马克思主义哲学家不是沙漠里的高僧,也不是喜欢闭门孤寂沉醉于自我直观的"高人",而是投身时代洪流的思维着的哲学战士。

中国共产党从创立的时候起就重视马克思主义哲学的指导作用。毛泽东同志说过,马克思主义有几门学问,但基础的东西是哲学。习近平总书记特别重视全党尤其是党的各级领导干部学习和运用马克思主义哲学。他两次主持中央政治局集体学习马克思主义哲学,强调共产党人要掌握马克思主义哲学这个"看家本领"。

马克思主义哲学并非纯哲学的避风港。自它产生以来就不断引发争论,其中既有政治性的,也有学术性的,至今依然如此。哲学是智慧之学。我们要想把握住马克思主义哲学这个大智慧,就必须认真学习辩证唯物主义和历史唯物主义基本原理,着重培养理论判断力、辨别力和思考力,提高运用马克思主义哲学分析和解决实际问题的能力。

一、辩证唯物主义和历史唯物主义

马克思主义哲学是"辩证唯物主义和历史唯物主义"。虽然马克思和恩格斯并没有直接地这样称谓自己的哲学,但这并不能成为否认"辩证唯物主义和历史唯物主义"名称的根据,因为在他们的著作中到处闪烁着辩证唯物主义和历史唯物主义哲学思想的光辉。

一种哲学的名称很少由创造者自己提出,而大多是由后人根据他们的思想定名的。列宁在《向报告人提十个问题》中曾向主张马赫主义的人质问:"报告人是否承认马克思主义哲学是辩证唯物主义?""如果承认,那么为什么马赫主义者把他们对辩证唯物主义的'修正'叫作'马克思主义哲学'?"他还在《唯物主义和经验批判主义》中,把辩证唯物主义和历史唯物主义连在一起,作为马克思主义哲学的名称。他说,"马克思和恩格斯在他们的著作中特别强调的是辩证唯物主义,而不是辩证唯物主义,特别坚持的是历史唯物主义,而不是历史唯物主义"。列宁的这一论述特意强调了马克思恩格斯唯物主义哲学的"辩证"属性和"历史"属性,并以此作为与以往唯物主义哲学的区别。

从形成过程来看,辩证唯物主义和历史唯物主义之间的关系有复杂性;但从思想逻辑来看,二者的关系是明了的,它们相互支撑,相互贯通。如果否定辩证唯物主义,则历史唯物主义根本不可能单独存在,因为在唯心主义和机械唯物主义基础上不可能建立历史唯物主义;反之,如果离开历史唯物主义,则旧唯物主义不可能上升为辩证唯物主义。因此,用"辩证唯物主义和历史唯物主义"命名马克思主义哲学,是完全正确的。它真实地表达了马克思和恩格斯在自己著作中始终坚持的辩证法和唯物主义的统一,自然观与历史观的统一。无论在自然观还是历史观上,他们都反对形而上学和唯心主义。恩格斯在《路德维希·费尔巴哈和德国古典哲学的终结》中关于旧唯物主义三个缺点的论述,明确地表达了这个观点。正因为如此,我们中国共产党人一直公开而正式地使用"辩证唯物主义和历史唯物主义"来称呼马克思主义哲学。

毫无疑问,马克思主义哲学高度重视实践的作用。马克思在《关于费尔巴哈的提纲》中对实践的重要性做了最科学也最集中的论述,而且在《德意志意识形态》中直接把"实践的唯物主义者"

称为"共产主义者"。列宁的《唯物主义和经验批判主义》中列有"认识论中的实践标准"专节,毛泽东著有《实践论》,而中国改革开放则以"实践是检验真理的唯一标准"一文作为思想解放的先声。可以说,没有一个真正的马克思主义哲学家是不重视实践观点的,决不能把坚持实践观点与坚持"辩证唯物主义和历史唯物主义"对立起来。

学习辩证唯物主义和历史唯物主义,要坚持世界的物质性,坚持物质第一性、意识第二性以及其他一些重要的基本原理。有的观点认为,物质第一性、意识第二性的世界物质性原理是没有意义的旧哲学命题,因为在人的实践中,客观世界与主观世界、物质与意识已融为一体,不必分也不可能分清物质与意识、主体与客体。这种观点对世界的看法,就如黑夜观牛,黑成一片,根本分不清物质与意识、主体与客体。如果这样,全部马克思主义哲学的基本原理将被推翻或被重新改写了。

学习马克思主义哲学,一定要真正弄清楚哲学基本问题。学习马克思主义哲学而又不掌握哲学基本问题,犹如牵牛不牵"牛鼻子"。可是,如果认为在人的意识之外不存在客观物质世界,物质与意识不存在第一性和第二性之分,人与世界不存在主体与客体之分,那么,哪有什么哲学基本问题呢? 其实,世界物质性是关于世界客观性的总体性观点,也是我们哲学世界观的基础。世界在人产生之前就存在。不是世界的存在依赖于人和人的实践,而是人的存在和实践依赖于世界。没有人,可以有世界;但没有世界,决不会有人和人的实践。自从世界有了人,人在实践中以自我与对象构成存在与意识的相互关系,构成主体与客体的相互关系。

人的实践是对象化活动,必须有实践着的对象,它不是打太极拳,可以自己独自一人比画。

不存在没有对象的实践活动。任何一种实践活动形式,包括生产实践、政治实践、科学实验,都有对象。而对象必须是不依存于自我的客观存在物。中国人把谈恋爱叫找对象,没有对象不可能谈恋爱。这是常识。马克思、恩格斯在《神圣家族》中曾揶揄唯心主义者,说即使他们不愿意相信客观世界的存在,那么"爱情"也会迫使他们相信自己身外的"对象"的真实存在。

哲学基本问题是不能否定的。物质与意识、主体与客体的区别是不能否定的。不应该把物质与意识、主体与客体的区别,混同于主客体的分裂、主客体的绝对对立。前者是客观事实,是哲学基本问题产生的依据;后者则是一种错误的哲学观点。辩证唯物主义主张在实践基础上的主客体的统一论,反对主客体无区别论和绝对对立论。学习马克思主义哲学,一定要重视哲学基本问题,并坚持以辩证唯物主义观点处理物质与意识、主体与客体的关系。

在哲学基本问题上区分唯物主义和唯心主义的不同回答,属于科学判断,而非价值判断。并不是说一切唯物主义都好,一切唯心主义都坏。提出哲学基本问题,提出区别唯物主义和唯心主义标准的是恩格斯,但他从来没有简单把唯心主义等同于反动,把唯物主义等同于进步。恩格斯曾经赞扬黑格尔的哲学贡献,而批判机械唯物主义和德国庸俗唯物主义。列宁也曾经说过,聪明的唯心主义比愚蠢的唯物主义更接近聪明的唯物主义。简单地认为唯心主义代表反动、唯物主义代表进步,这是苏联哲学家日丹诺夫的错误,而不是马克思主义哲学的观点。

恩格斯为什么要肯定某些唯心主义者的贡献,批判某些机械唯物主义者的错误呢?因为人是物质和精神的统一体,世界同样既是物质世界,也包括精神世界。只有肉体而无精神,就不成其为人;只有物质世界而无精神世界,这也不是人类的世界。当精神属于活动着的人类主体时,它表现为支配人活动的精神和思想,表现为现实的心理和思维;当它凝结为社会结构组成部分时,表现为文化和上层建筑中的观念形态。只要物质而不要精神,不行;只要精神而不要物质,同样不行。我们必须弄清楚应该在什么意义上赞同唯物主义,在什么意义上批判唯心主义,在什么意义上赞扬聪明的唯心主义,在什么意义上批判愚蠢的唯物主义。在世界客观性问题上,在物质和意识第一性、第二性之分问题上,我们主张唯物主义,反对唯心主义。精神不是世界的本体,如果精神是世界本体,那我们的世界就不是客观世界,而是相由心生的虚幻世界;在这个世界面前,人的活动和科学研究根本不可能,因为它不是作为客观对象的物质世界。因此,在物质与意识第一性、第二性之分的问题上,我们反对唯心主义,因为,如果精神是第一性的,是本源,那么,精神的产生就是不可理解的。精神不可能从天上掉下来,它不是产生于无,也不可能依附于无。精神的产生必须有本有源,它的存在必须有物质的载体。但精神和意识具有反作用,具有能动作用。在这个问题上,我们反对机械唯物主义和庸俗唯物主义,肯定某些唯心主义者的合理思想。

有些学者总觉得马克思主义哲学简单,不如唯心主义哲学那样玄妙有嚼头。其实,真理从来是朴实的。马克思主义哲学是智慧的大海,浅者见其浅,因为他站在岸上只能看到表面;深者知其深,因为他跳到大海里。要掌握马克思主义哲学这个大智慧,不能浅尝辄止,必须深入、深入、再深入。

二、马克思与历史观中的变革

历史唯物主义的创立是马克思对历史观的变革,这是恩格斯提出来的,他在《卡尔·马克思》一文中说,马克思"在整个世界史观上实现了变革"。变革的核心,就是关于"一切历史变动的最终原因"的发现。马克思根本扭转了以往一切历史唯心主义从思想中、从政治变动中寻找历史变动最终原因的观点,从而形成了与之根本不同的历史观。

我们说唯物主义历史观的创立是历史观的根本变革,并不是否认历史上某些思想家在历史观领域取得的成就。实际上,在马克思主义历史观产生之前,在中外思想史上都曾包含有历史观上的合理因素。中国传统文化中有丰富的民本主义思想,例如"民惟邦本,本固邦宁","水可载舟,亦可覆舟",以及史记《货殖列传》中的经济思想,等等;西方资本主义时代的一些经济学家、历史学家和空想社会主义者也谈到过阶级和阶级斗争问题。但真正在社会历史观中实现变革的是历史唯物主义,因为它不是停留在现象层面,也不只是论述某些因素,而是揭示社会历史发展的普遍规律,形成系统的唯物主义历史观。在《德意志意识形态》《政治经济学批判》的"导言"和"序言"中,在恩格斯晚年著作和关于历史唯物主义的通信等中,马克思和恩格斯对社会存在与社会意识、生产力与生产关系、经济基础与上层建筑的关系,对社会形态变化的规律和动力、上层建筑的反作用、人民群众与杰出个人在创造历史中的作用,等等,都有明确的规律性论述。在学习历史唯物主义时,我们一定要掌握社会发展规律的思想。承认不承认社会发展有规律,这可不是一个普通的学术问题;不承认社会发展规律,历史唯物主义就不能成立。

历史规律是客观的。在社会生活中,凡是阶级社会必然存在阶级斗争;凡是生产关系严重妨碍生产力发展,就迟早会发生变革生产关系的革命;凡是工业化过程,必然表现为农民不断转化为工人,农村缩小、城市扩大的过程;凡是城市化过程,都必然会发生住房不断拆迁,城市中心高楼化,相对贫困人口边缘化;凡是过量印发纸币,就会发生通货膨胀、货币贬值。无论美国如何强大和富有,并握有印钞票的权力,但只要不断量化宽松印纸币,同样会导致通货膨胀,并向世界输出通货膨胀。美联储也无法废除这条规律。历史规律是任何力量都无法废除的。一个国家可以废除许多条法律,但不可能废除任何一条社会规律。人可以利用规律,但必须首先认识和服从规律。

学习历史唯物主义,必须反对种种错误的历史观点。要反对以重写历史之名,污蔑英雄人物的历史虚无主义。每个国家、每个民族都崇敬自己历史上的英雄人物。任意贬低自己民族的英雄人物,是民族的自我损毁。鲁迅曾指诽谤者为叮在战士身体上的"苍蝇"。

要区别历史唯物主义的规律论和"历史决定论"。马克思和恩格斯没有使用过"历史决定论"的提法,但他们承认在社会结构或历史发展过程,在诸多因素中会有一种因素,与其他因素相比,

马克思 1935 年 8 月写的中学毕业作文《青年在选择职业时的考虑》的第一页

起着最终决定作用。历史唯物主义的创立,说到底就是在历史中发现这种起决定性作用的因素。马克思说过,不是人们的意识决定人们的存在,相反是人们的存在决定人们的意识。恩格斯也说过,根据唯物史观,历史过程中的决定性因素归根到底是现实生活的生产和再生产。他们的话中都出现了"决定"这个用语。很显然,这里的"决定"作用不是否认历史事件和历史人物会存在偶然性,而是指从宏观角度看,社会结构和历史发展中决定性因素是物质资料的生产与再生产,因而社会发展是有规律的,而不是任意的。这与具有宿命论性质的所谓"历史决定论"是根本不同的。历史唯物主义重视人的选择活动,但任何选择都不能逆历史潮流而动,与历史规律相背而行。

要划清历史唯物主义与"经济决定论"的界限,应该科学地全面地准确地理解历史唯物主义关于经济最终决定作用的原则。历史唯物主义强调的是生产方式作为社会存在和发展的基础作用,而不是单纯追求国内生产总值(GDP),因为GDP表现的不是经济发展的全面指标。当然这不是轻视GDP在中国特色社会主义经济中的地位和作用。在中国特色社会主义建设中,经济建设起着基础性作用。以经济建设为中心不能变,它既体现了历史唯物主义关于经济是社会发展基础的基本原理,也是我国实现发展必须坚持的重要原则。在社会发展中,从来不是单一的经济因素起作用,而是多种因素起作用。但历史唯物主义不是多因素论,因为它在多种因素中肯定其中有起主要决定作用的因素是构成社会存在的经济基础。恩格斯说经济是中轴线,其他影响因素归根结底是围绕经济这个中轴线上下发生作用。以经济建设为中心的思想,符合历史唯物主义关于社会基本矛盾及其运动规律的观点。

三、学会分析和解决问题的真本领

马克思主义哲学传入中国后,在革命、建设、改革实践中,都起到了世界观和方法论的作用。毛泽东同志说过,"我们的任务是过河,但是没有桥或没有船就不能过。不解决桥或船的问题,过河就是一句空话。不解决方法问题,任务也只是瞎说一顿。"我们从毛泽东关于中国革命的对象、动力、阶段、途径等的分析,从毛泽东对中国革命战争的战略和策略的分析,抗日战争中对持久战问题的分析中,都能最深切地体会到马克思主义哲学作为世界观和方法论的巨大威力。邓小平理论、"三个代表"重要思想、科学发展观、习近平新时代中国特色社会主义思想,都非常集中地体现了马克思主义哲学作为世界观和方法论的作用。

中国特色社会主义理论体系是马克思主义哲学关于社会基本矛盾、生产力决定作用、人民群众是历史创造者等基本原理的创造性运用和发展。如果我们不能从解放思想、实事求是的思想路线中,从"实践是检验真理的唯一标准"讨论中,从以改革开放推动社会主义基本矛盾的解决中,从统筹推进"五位一体"总体布局、协调推进"四个全面"战略布局中,从以人民为中心的发展思想和新发展理念中,从新时代我国社会主要矛盾变化这一重大政治论断中,看到马克思主义哲学的世界观和方法论,就不能真正理解和把握中国特色社会主义的本质,树立"四个自信",也不能真正认识到在困难中马克思主义哲学世界观和方法论具有逢山开路、遇

11

水架桥的思维伟力。

习近平总书记十分重视马克思主义的指导作用,重视用马克思主义武装广大干部和党员,这其中就包括对马克思主义哲学的高度重视。习近平总书记对马克思主义哲学十分熟悉,从他的一系列重要讲话中都可以感受到马克思主义哲学的思想和智慧。他善于运用马克思主义哲学的思维来阐述问题,他的许多来自生活的通俗话语包含着深刻的哲理。他提出要树立几种思维,比如战略思维、历史思维、辩证思维、创新思维、底线思维等,都具有突出的哲学意蕴。他十分注重思想方法和工作方法,比如坚持实事求是、坚持战略定力、坚持问题导向、坚持全面协调、坚持底线思维、坚持调查研究等基本方法,此外还有学会"弹钢琴",善于"转盘子",坚持"钉钉子",牵住"牛鼻子"等具体方法,其中都蕴含着马克思主义哲学智慧。

现在各级领导干部特别是高级干部的文化水平都很高,大专文凭普遍,硕士、博士也已经不是"稀有品"。这当然是大大的好事。但是,干部水平并不是仅仅取决于文化和学历高低,极为重要的一点还在于他们的思维方法和工作方法。你是个什么样的干部,你的才智和能力如何,老实说并不取决于你手中的文凭,也不完全取决于你有多少知识,而是取决于你的世界观和思维方法,即你如何思考、如何工作。哲学素质是领导干部的重要素质。要思维必须运用概念,必须有思维方法。经验证明,仅仅是读书多、知识多的人并不一定有智慧。毛泽东同志说过,我们的眼力不够,必须借助"望远镜"和"显微镜"。马克思主义哲学特别是辩证法就是我们的"望远镜"和"显微镜",它使我们看得远些,看得深些。

因此,要学习一些基本的马克思主义经典著作,特别是哲学著作,比如《共产党宣言》《反杜林论》《国家与革命》《矛盾论》《实践论》等。

辩证法作为思维方法非常重要。当前,我们面对的社会各种利益关系十分复杂,任何片面性都会添堵添乱,激化矛盾。我们一定要准确把握客观实际,真正掌握规律,处理好新时代坚持和发展中国特色社会主义的各种重大关系。比如,两点论与重点论的统一是辩证思维中一个至关重要的思维方法。只知"两点"而无重点,就推动不了全局;有重点而无"两点",就如同下棋,过河卒子拼命向前而无后续部队,结果满盘皆输。要坚持以重点突破带动整体推进,在整体推进中实现重点突破。再比如,协调发展是辩证思维中应有之义。不协调就是失衡,失衡就如同缺轮汽车,不能开;而没有发展的所谓"协调",就是彼此拖后腿。因此,必须重点推动区域协调发展、城乡协调发展、物质文明精神文明协调发展,推动经济建设国防建设融合发展,不断增强发展整体性协调性。如果党员领导干部不学习马克思主义哲学,不懂辩证法,不善于分析矛盾、化解矛盾,老是搞形而上学片面性,耳聋眼花,那就会东倒西歪,什么任务也完成不了。

马克思主义哲学也关乎我们的信仰和工作能力问题。例如,量变到质变的道理似乎学过哲学的人都懂,但不见得都能把它转变为智慧。有的人一听说巩固和建设好社会主义需要几代人、十几代人,甚至几十代人坚持不懈地努力奋斗,就以为目标很遥远,就发生信仰动摇。其实,它的远近取决于我们每代人的努力。新时代中国特色社会主义正在建设中,只要我们方向对头,齐心协力,速度就快,目标就近;否则就会更慢更远。如果背道而驰,则永远达不到目的。所以,社会主义建设中的远近快慢问题,离开辩证思维方法是理解不透的。从具体工作来说,对这条量变到质变的道理,不同的人的理解和把握可能大相径庭。有的人能敏锐地注视着工作中的微小变化,促进和加速有益的量的积累,防止不利的因素,及时化解矛盾。有的人在矛盾积累到突然爆发之前,还是视若无睹。事物是变化的,在量变阶段往往不易觉察。量变是狡诈的、平静的、迷惑人的,但总有征兆可循。一个人在工作中能见微知著、防微杜渐,有远见卓识,就能把量变到质变的哲学原理变为实际的智慧。反之,量变与质变的条条背得再熟,也只能打零分。

马克思主义哲学的实践观、群众观、阶级观、发展观、矛盾观等,都是马克思主义哲学中的重要原理,而与时俱进、创造性、科学与价值的统一等,都是马克思主义哲学的本质特性,在学习时都必须特别重视。

学好哲学,终身受用。各级干部应认真学习马克思主义哲学,把它化作自己的思维方法和工作方法,使自己的头脑变为充满智慧的头脑,使自己成为有真本领的能发挥先锋模范作用的好干部。

四、如何认识马克思主义的当代价值

我们坚持和发展中国特色社会主义,必须高度重视理论的作用,把科学思想理论转化为认识世界、改造世界的强大物质力量。重视理论,首先需要原原本本学习和研读马克思主义经典著作,掌握马克思主义基本原理。马克思主义基本原理包括马克思主义哲学、政治经济学、科学社会主义的基本原理,之所以统称为马克思主义基本原理,原因有二。

第一,对于揭示的对象而言具有普遍性。马克思主义哲学揭示的是自然界、人类社会和人类思维发展的普遍规律,它构成对这三个领域最基本的规律性认识。政治经济学,作为广义经济学揭示的是人类社会经济发展的普遍规律;作为狭义经济学揭示的是资本主义社会经济规律。科学社会主义包括了资本主义必然要过渡到社会主义的学说、无产阶级政党学说、无产阶级专政学说,等等,对于实现马克思主义的社会理想具有普遍性。所有这些都属于马克思主义基本原理,离开了这些基本原理,就不存在马克思主义,试图在马克思主义学说中寻找超越马克思主义哲学、政治经济学和科学社会主义学说范围外的所谓基本原理是没有的。

第二,对于各个组成部分而言具有整体性。马克思主义哲学、政治经济学、科学社会主义彼此从理论上互相支撑、互相渗透、不可分离。马克思主义哲学作为世界观和方法论为整体的马克思主义提供世界观和方法论基础。如果在马克思主义政治经济学和科学社会主义学说中,拒斥马克思主义的世界观和方法论,就会失去马克思主义的性质而沦为非马克思主义的经济学和其他形式的社会主义学说。同样,无产阶级解放和人类解放是马克思主义学说追求的最终目标,也是马克思主义哲学和经济学说的主题。如果马克思主义哲学不为无产阶级解放和人类解放服务,失去了为无产阶级解放大脑的功能,就不是马克思主义哲学,而是思辨哲学、经院哲学;如果马克思主义经济学离开了这个主题,就往往成为为有产者辩护、为利益集团辩护的学说。反过来说,劳动价值论与剩余价值论不仅是马克思主义的经济学说,它也完全深入到历史唯物主义和科学社会主义学说之中。离开它,历史唯物主义和科学社会主义中许多重要原理就没有经济学依据而失去科学性。列宁关于马克思主义是"一块整钢"的说法是完全正确的。

坚持马克思主义,必须区分马克思主义的基本原理和个别论断。马克思主义的基本原理任何时候都要坚持,否则我们的事业就会因为没有正确的理论基础和思想灵魂而迷失方向,就会归于失败。但如果不顾历史条件和现实情况的变化,拘泥于马克思主义经典作家在特定历史条件下针对具体情况作出的某些个别论断和具体行动纲领,我们就会因为思想脱离实际而不能顺利前进,甚至发生失误。马克思主义"是发展着的理论,而不是必须背得烂熟并机械地加以重复的教条"。习近平新时代中国特色社会主义思想贯穿着马克思主义的立场、观点和方法,拓展了马克思主义发展新境界,是马克思主义基本原理在新时代的升华。

具体而言,基本原理是基于整个学说体系内核和一以贯之的思想得出的结论,是贯穿全部著作的基本原则。凡属基本原理的内容,都是在马克思恩格斯著作中反复出现的,是全部马克思恩格斯著作的核心观点。个别论断则不同,它往往出现在某个时期、某个著作,后来都为具有科学性的普遍原理所取代。比如以物质资料生产方式是社会发展决定性力量取代人性异化与复归的观点。因此,基本原理比个别论断更具理论的普遍适用性和实践生命力。

我们要深入理解马克思主义基本原理,学懂弄通习近平新时代中国特色社会主义思想,就必须把握其核心要义和精髓实质。马克思主义是严整的科学体系,它的核心社会理念,是无产阶级解放和人类解放;它的核心理论,是对这个社会的具有严密性和完整性的科学论证。马克思主义的社会理想不是基于道德原则和宗教信仰,而是有一系列基本原理的科学论证作为理论支撑。马克思主义是由马克思恩格斯创立,由他们的后继者们继承、发展和实践,追求通过不同方式改变以私有制为基础的资本主义社会,最终达到无产阶级和人类解放,达到人的自由全面发展的学说。"马克思主义"不只是一种学说,而是一种学说的本质。凡是反对马克思主义社会理想,不主张以无产阶级和人类解放为最终目标,不主张以社会主义取代资本主义的理论,都不是马克思主义;同样,凡是摒弃马克思主义基本原理,甚至以各种方式反对马克思主义基本原理的人也不可能是马克思主义者。它可以称为任何别的什么主义,就是不能称为马克思主义,因为它与马克思主义的核心要义和精髓实质相背离。

19 世纪中叶诞生的马克思主义学说,是人类历史上的伟大创造,是思想天空出现的理论智慧之星,永远不会过时。马克思依然是世人心目中伟大的思想家和革命导师;他所创立的马克思主义依然是我们时代的光辉旗帜。在世界上,预言一再破产、声名狼藉的不是马克思主义,而是马克思主义的顽固反对者。立足实践、面对时代的马克思主义,其当代价值突出表现为观察和解决当代问题的立场、观点和方法的价值。

毋庸讳言,当代世界,仍然处于马克思恩格斯所预言的从资本主义走向社会主义的时代。当代经济全球化趋势与资本主义社会的内在矛盾,充分显示了马克思恩格斯的理论洞察力。资本主义全球化的扩张是《共产党宣言》已经揭示的历史进程。资本主

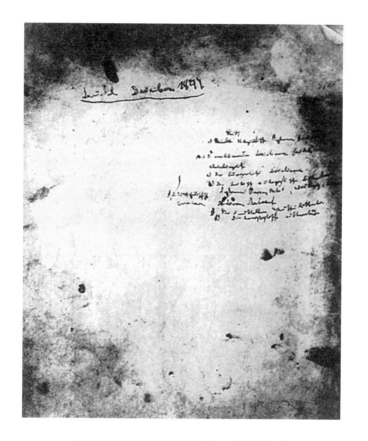

马克思写的《共产党宣言》第三章计划草稿

社会并没有因全球化而改变它的本性和矛盾。远的不说,就从国际金融危机看,许多西方国家经济持续低迷、两极分化加剧、社会矛盾加深,正是资本主义固有的生产社会化与资本主义私人占有之间矛盾激化的外在表现。《资本论》所揭示的资本主义社会的基本矛盾、资本运行规律至今仍然是我们考察当代资本主义新特征的钥匙。在中国,我们已经进入中国特色社会主义新时代,习近平新时代中国特色社会主义思想的产生和形成,同样是马克思主义当代价值的充分体现。

马克思主义最鲜明的理论品格、最突出的理论优势就是与时俱进。我们党是高度重视理论建设和理论指导的党,历来强调理论必须同实践相统一。在中国革命、建设、改革的历史进程中,中国共产党人一直坚持不懈地把马克思主义基本原理同中国实际相结合,不断推进马克思主义中国化,不断开辟马克思主义在中国发展的新境界,指导党和人民取得了革命、建设、改革的伟大成就。党的十八大以来,以习近平同志为核心的党中央,坚持解放思想、实事求是、与时俱进、求真务实,坚持辩证唯物主义和历史唯物主义,紧密结合新的时代条件和实践要求,进行着划时代的理论创新、实践创新、制度创新、文化创新以及其他各方面创新,以全新的视野深化对共产党执政规律、社会主义建设规律、人类社会发展规律的认识,逐步形成了习近平新时代中国特色社会主义思想。

习近平新时代中国特色社会主义思想和马克思主义基本原理、马克思主义中国化的其他理论成果虽然形成于不同的历史时期、致力于解答不同的时代课题,但都站在相同的政治立场上,具有相同的理论基础、理论精髓、理论品质和价值理想,是一脉相承的科学理论谱系。习近平新时代中国特色社会主义思想之所以是新时代,就是它肩负了新的历史使命。它以其深刻的理论性实践性和鲜明的战略性前瞻性,从根本上引领党和国家事业取得历史性成就,发生历史性变革。中国要想实现长治久安,真正朝着社会主义、朝着未来共产主义方向不断迈进,这三个环节一个也不能少:坚持党的领导,坚持全面从严治党;有坚强的党的领导核心;有引领航向的路线思想。党的十九大明确把习近平新时代中国特色社会主义思想作为党和国家的指导思想写入新修订的党章和宪法,就是对马克思主义基本原理的坚持和发展。

马克思主义在中国之所以显示出强大生命力,最根本的就是我们党把坚持马克思主义和发展马克思主义统一起来,做到既不忘老祖宗,又讲出新话。习近平新时代中国特色社会主义思想,系统回答了新时代坚持和发展什么样的中国特色社会主义、怎样坚持和发展中国特色社会主义这个重大时代课题,提出了以"八个明确""十四个坚持"为主要内容的一系列新思想新观点新论断,以巨大的理论勇气对马克思主义哲学、政治经济学、科学社会主义理论的发展作出了原创性贡献,可以说,习近平新时代中国特色社会主义思想就是 21 世纪的马克思主义、新时代中国的马克思主义。我们要有这样的理论自觉,更要有这样的理论自信。

当前,世界格局正处在加快演变的历史进程之中,产生了大量深刻复杂的现实问题,提出了大量亟待回答的理论课题。我们要在习近平新时代中国特色社会主义思想的指引下,对资本主义结构性矛盾以及生产方式矛盾、阶级矛盾、社会矛盾等进行批判性揭示,对资本主义危机、资本主义演进过程、资本主义新形态及本质进行深入分析,从而正确认识资本主义发展趋势和命运,准确把握当代资本主义新变化新特征。这将有利于人们重新认识马克思主义理论的真理性,有利于世界人民对新的更公正更合理的社会主义制度的追求和选择。

历史是最好的老师。在一个曾经饱受帝国主义欺凌的中国,在一个贫困落后的中国,中国共产党人高举马克思主义和中国特色社会主义的旗帜,以永不懈怠的精神状态和一往无前的奋斗姿态,创造出前无古人的发展成就,使历经苦难的中华民族迎来了从站起来、富起来到强起来的伟大飞跃,迎来了实现中华民族伟大复兴的光明前景。

五、要念好马克思主义"真经"

习近平同志指出:马克思主义就是我们共产党人的"真经","真经"没念好,总想着"西天取经",就要贻误大事!强调马克思主义是我们共产党人的"真经",要求共产党人念好自己的"真经",充分体现了共产党人与马克思主义"体"与"魂"的关系。我们一定要按照习近平同志的要求,深刻感悟和把握马克思主义真理力量,谱写新时代中国特色社会主义新篇章。

在马克思诞辰200多年、《共产党宣言》发表170多年的今天,仍然有人总想着"西天取经",甚至说马克思主义是政治的、官方的、非学术性的,所以没有学术含量。这真是奇谈怪论。我们共产党人要念好马克思主义"真经",以提高马克思主义理论研究的学术性为抓手,原原本本学习和研读马克思主义经典著作,努力把马克思主义立场、观点、方法学到手,作为自己的看家本领。

马克思主义当然是政治的。它是为工人阶级进行政治斗争而产生的,非政治的马克思主义从来没有过。至于官方的马克思主义倒不是从来就有的,而是工人阶级取得政权以后才出现的。在社会主义国家,马克思主义之所以具有官方性,是因为它在社会主义意识形态中处于主导地位,从思想和理论上捍卫社会主义制度。在社会主义中国,马克思主义是我们党的指导思想,代表国家意志和人民根本利益,岂能是非官方的意识形态? 如果马克思主义成为非官方的、超政治的所谓价值中立的学说,倒是一件不可思议的事情。更应看到,在社会主义国家,如果马克思主义被边缘化甚至在党和国家的指导地位被取消,那就是一条自我毁灭之路。因为,如果共产党抛弃或背离马克思主义的指导,就必然接受形形色色的资产阶级思想。东欧剧变、苏联解体,就是活生生的例子。习近平同志强调:"历史是最好的老师,它忠实记录下每一个国家走过的足迹,也给每一个国家未来的发展提供启示。"教训犹在,殷鉴不远。中国共产党决不会重蹈这个覆辙。

有人提出,回归马克思经典著作研究就是回归纯学术研究。这属于似是而非的说法。马克思主义鲜明的政治性,正是源于马克思经典著作的政治性。马克思经典著作具有鲜明的政治性和明确的阶级性,马克思是为工人阶级和人类解放而进行研究和著述。马克思首先是个革命家,这就决定了马克思经典著作不可能是非政治性的,因而对马克思经典著作的研究同样是有政治性的。只要读读西方一些学者从马克思经典著作中断章取义得出的反对马克思主义的结论,就不难发现对马克思经典著作的研究完全可以有两种不同的立场和态度。马克思经典著作是共产党人的思想武器,而不是超政治的"象牙塔"。我们要认真学习和研究马克思经典著作,掌握和精通马克思主义基本原理,进而用马克思主义的立场、观点、方法分析问题,解决问题。

列宁说过,建筑在阶级斗争上的社会是不可能有"公正"的社会科学的。一些人认为西方学者公正无邪,不褊狭于阶级,唯真理而求索。这实在是一种天真的善良愿望。相反,一些严肃的西方学者却不这样看,如美国经济学家、诺贝尔经济学奖获得者索洛说:"社会科学家和其他人一样,也具有阶级利益、意识形态的倾向以及一切种类的价值判断。但是,所有的社会科学的研究,与材料力学或化学分子结构的研究不同,都与上述的(阶级)利益、意识形态和价值判断有关。"应该说,这是坦诚而真实的。在阶级社会和有阶级存在的社会,正如列宁所说,"没有一个活着的人能够不站到这个或那个阶级方面来"。在当代西方世界,难以找到纯而又纯、非政治性的社会科学著作。例如,哈耶克的《通往奴役之路》、福山的《历史的终结》、亨廷顿的《文明的冲突》等,哪有单纯的学术性而没有政治性? 为什么马克思主义的政治性就妨碍学术性,成为一些人妄图将其驱逐出学术领域的根据呢?

在一些人看来,研究马克思主义没有什么学术性,只有研究中外某个大思想家的著作才叫学术研究。这是对什么是学术的错误理解。对中外著名思想家的研究当然具有很高的学术性,需要专门人才进行深入研究,并正确诠译和解读其思想,以便继承其智慧。以习近平同志为核心的党中央高度重视中华优秀传统文化创造性转化、创新性发展的原因,也正在于此。可以说,在当代哲学社会科学中,马克思主义不仅具有高度政治性,而且具有高度学术性,因为它是建立在揭示世界发展普遍规律和人类社会发展规律基础之上的学说。

马克思、恩格斯特别重视自己研究的学术性。恩格斯说过,"社会主义自从成为科学以来,就要求人们把它当作科学看待,就是说要求人们去研究它。"他在讲到马克思《资本论》研究时还说过,"政治经济学不是供给我们牛奶的奶牛,而是需要认真热心为它工作的科学。"马克思、恩格斯以毕生精力从事马克思主义科学理论的创造,这是人类历史上最艰巨最困难的学术工作。他们留下的卷帙浩繁的著作和手稿,以无可辩驳的事实证明了这一点。应该说,对马克思和马克思思想的研究,即便是一个水平很高的研究者,穷其毕生精力也很难全面掌握这个丰富的思想体系。

自马克思主义产生后,马克思主义研究逐渐成为一门显学。不仅马克思主义革命者和理论家们深入研究马克思主义,而且马克思主义的反对者也对马克思主义进行研究。不管是马克思主义者还是不同意甚至反对马克思主义的学者,都无法绕开马克思和马克思主义。马克思主义是学术宝库,是哲学社会科学的一座巍巍学术高峰。当然,并不是研究马克思主义理论就天然具有学术性。一门学说的学术性和研究者的学术水平是不能等同的。实际上,在任何学科中,研究者的水平都是参差不齐的,有高峰,有平原,也有低谷。每门学科都有大学者,也有成就一般甚至毫无成就的人。这无关学科的学术性,而是与研究者个人的资质、条件与努力有关。马克思主义理论工作者在增强政治意识的同时,应该努力提高自己研究和教学的学术含金量。很多有成就的研究者就是这样做的。只要不心存偏见就可以看到,马克思主义理论研究水平和思想理论课的水平在逐年提高,出版的著作和学术论文的学术含量也在不断增加。当然,与理论创新和实践发展的要求相比还有较大距离,广大马克思主义理论工作者仍需不断努力。

中国共产党历来高度重视马克思主义理论研究的学术性问题。这是因为,坚持马克思主义在意识形态领域的指导地位,坚守社会主义意识形态阵地,有力回击反马克思主义思潮,提高人们正确理解社会问题和辨别各种错误思潮的能力,都必须提高马克思主义研究的学术水平。在马克思主义研究领域,光凭口号是无济于事的,正如枪里没有子弹是不可能克敌制胜的。只有彻底的理论才有最充分的说服力,只有精通马克思主义理论才会掌握彻底的理论。真正巩固马克思主义在意识形态领域的指导地位,我们共产党人必须念好马克思主义"真经",把马克思主义作为一门科学来探索、作为一门学术来研究,不断提高自己的学术水平。要认真学习马克思主义经典著作、掌握马克思主义基本原理,特别是要深入学习习近平新时代中国特色社会主义思想,在学懂弄通做实上下真功夫、苦功夫。马克思主义研究成果的含金量越高、学术性越强,就越有说服力。如果说在专业课领域的一个错误观点会影响学生的知识水平,那么,在马克思主义研究领域的一个错误观点则可能影响人的一生。在每一个重大理论和现实问题上,马克思主义理论工作者都必须旗帜鲜明、观点正确,而且具有学术含量,任何信口开河、打马虎眼都是行不通的。

天马行空,不知所云,不是学术性而是毫无价值的"废钞"。当前,对我国的马克思主义研究来说,真正称得上是学术研究工作的应具有双重特点:一是以问题为导向,立足现实,捕捉新时代坚持和发展中国特色社会主义遇到的重大问题。没有问题意识、不研究问题的所谓学术研究是没有价值的。二是对问题的研究、分析必须上升为理论。既然是理论,当然要运用概念,当然会有逻辑论证,排除概念和逻辑论证就不可能有理论分析。毛泽东同志在《整顿党的作风》中专门论述过什么是理论研究、什么是理论家的问题。他说,"我们所要的理论家是什么样的人呢?是要这样的理论家,他们能够依据马克思列宁主义的立场、观点和方法,正确地解释历史中和革命中所发生的实际问题,能够在中国的经济、政治、军事、文化种种问题上给予科学的解释,给予理论的说明。"可见,马克思主义研究既是理论的、又是实践的,既是政治的、又是学术的。理论与实践的统一,这就是我们共产党人提倡的学术性。

第二章　占据真理和道义的制高点

在纪念马克思诞辰 200 周年大会上，习近平总书记发表了高屋建瓴、视野宏大、思想深刻、内容丰富的重要讲话，阐明了一个非常重要的道理：马克思诞生已经 200 年，马克思主义创立已经 170 多年，马克思的名字依然在世界各地受到人们的尊敬，马克思的思想依然闪烁着耀眼的真理光芒，为什么？因为它占据着真理和道义的制高点："无论时代如何变迁、科学如何进步，马克思主义依然显示出科学思想的伟力，依然占据着真理和道义的制高点。"真理和道义结合并同处于当代制高点的论断,既是对马克思伟大光辉一生和伟大人格的精练概括,也是对马克思主义的科学性、人民性、实践性和开放性的本质特征及其当代价值的最好诠释。

一、真理制高点

马克思主义创立已经 170 多年,按照有些人的说法,170 多年前的思想早已过时了。这种看法根本不懂思想发展的规律,不懂真理的本性。黑格尔说过:"伟大的灵魂——哲学史上的英雄们的身体,他们在时间里的生活,诚然是一去不复返了,但他们的著作(思想、原则)却并不随着他们而俱逝。"思想家的个体生命是有限的,但是他们的思想可以通过对象化的经典著作,为后人吸收、借鉴和继承。

真正的智慧不会因时间久远而失去智慧之光,经过实践检验的真理并不会因为古老而丧失真理的力量。时间的长短不是真理的尺度,而是真理和谬误的过滤器。没有长期存在的谎言,它总会被揭穿;但可以有古老的智慧和真理。中国的孔、孟、老、庄、荀、墨、韩非,以及程朱陆王,少则数百年,多则千年或两千年以上,但他们思想中的精华仍然是构成中华民族优秀传统文化的重要组成部分,至今仍然在为我们修齐治平、育德树人提供智慧。西方的文化也是如此。人们至今仍然从苏格拉底、柏拉图、亚里士多德、康德、黑格尔等的著作中汲取思想智慧。

在当今世界,马克思主义依然处于真理的制高点,因为它科学地回答了资本主义向何处去、人类社会向何处去这个历史之问、世

恩格斯

纪之问、当代之问。

历史之问。在马克思主义产生之前,各种社会主义学说已经存在三百多年。它们反对剥削,追求公平正义的社会,积累了许多丰富的社会主义思想。但是它们没有从人类历史发展规律的高度,用历史唯物主义观点分析资本主义私有制和剥削制度存在的社会原因,更没有从社会自身发现承担社会主义理想的现实力量和实现途径。它们的历史观主要是抽象人性论和抽象人道主义,同情穷人,同情被剥削者,它们控诉不公平的社会,但寄希望于上层统治者和富人的善心。有的空想社会主义者还建立共产主义试验区,试图用示范的方式来推行自己的理想。马克思主义产生之前的社会主义思潮对社会主义思想的积累有贡献,尤其是空想社会主义,达到了社会主义思想的空前高度,但它们的积极作用与历史成反比。马克思在《共产主义和奥格斯堡〈总汇报〉》中说:"《莱茵报》甚至在理论上都不承认现有形式的共产主义思想的现实性,因此,更不会期望在实际上去实现它,甚至都不认为这种实现是可能的事情。"他还说:"我们坚信,构成真正危险的并不是共产主义思想的实际试验,而是它的理论阐释"。马克思和恩格斯的伟大贡献正在于对共产主义的科学论证,从而回答了历经数百年的历史之问。

世纪之问。成熟的理论与成熟的社会关系不可分。19 世纪上半叶资本主义在英国和法国以及稍后的德国的莱茵地区都得到发展,资产阶级和无产阶级的矛盾开始激化。法国里昂工人发动两次武装起义,英国发生工人的宪章运动,德国发生西里西亚的织工起义。19 世纪上半叶提出的现实问题,是如何使处于自发阶段的工人运动,变为由科学理论指导的自觉运动。正是 19 世纪上半叶资本主义的发展和资产阶级与无产阶级矛盾开始激化,凸显了对科学理论的迫切需求。马克思主义是对世纪之问的回答。恩格斯 1845 年 1 月 20 日在致马克思的信中明确提出创立新理论的问题。他对马克思说:"目前首先需要我们做的,就是写出几本较大的著作,以便给许许多多非常愿意干但自己又干不好的一知半解的人以一个必要的支点。你的政治经济学著作,还是尽快把它写完吧,即使你自己还感到有许多不满意的地方,这也没有关系,人们的情绪已经成熟了,就要趁热打铁。"正是世纪之问推动了马克思和恩格斯的科学探索,他们终其一生撰写了大量的马克思主义哲学、政治经济学和科学社会主义著作。尤其是马克思 40 年殚精竭虑数易其稿从事《资本论》写作。马克思和恩格斯以事实为依据,以规律为对象,以实践为真理标准创立了具有科学性、系统性的理论,即马克思主义。社会主义由空想变为科学,人类对美好社会的向往第一次置于现实的基础上。

当代之问。在当代世界,资本主义社会制度仍然是占主导地位的社会制度。20 世纪下半叶,苏联解体、东欧剧变,社会主义在前进中遭到前所未有的挫折,马克思主义的威信也因而受到损害。

资本主义社会向何处去,人类历史发展是不是终结于西方资本主义制度,十月革命开辟的航道是否永远冰封,马克思主义是否过时成为当代之问。西方一些政治家弹冠相庆,资本主义理论辩护士们卖力推销"普世价值"论和资本主义道路是世界唯一的文明大道论,大力宣扬十月革命创立的社会主义制度 20 世纪 20 年代没有被扼杀于摇篮中而死于社会主义历史发展的半途。世界社会主义运动转入低潮,马克思主义"过时论"甚嚣尘上。

马克思主义创立时是回答世纪之问。它源于那个时代又超越那个时代。真理的本性是超越时间限制的。资本主义社会是变化着的社会,社会矛盾的表现形态在变、经济全球化水平和世界交往的深度在变、科学技术发展创新水平在变、工人阶级的生活处境和工作条件、蓝领工人与白领工人的比例在变,但资本主义的本性并没有变,就其社会基本矛盾的根本性质来说,与马克思曾经揭示的矛盾本质是一样的:资本主义制度是雇佣劳动制度,是贫富两极对立的制度。资本主义宣扬的抽象的自由、平等、人权并不能掩盖资本主义社会的不公平和非正义,不能掩盖发达资本主义国家的金融资本和财团对社会、对劳动者的统治,甚至对世界的支配和霸权。只要资本主义社会仍然是资本主义社会,只要世界仍然是资本主义占主导统治地位的世界,只要雇佣劳动制度和剩余价值仍然是资本主义剥削方式,只要贫富对立仍然是资本主义社会财富分配的现实,马克思主义的重大价值只会越发彰显。

资本主义始终无法摆脱危机和冲突。无论从当代国际金融危机、从美国"反华尔街运动"开始蔓延到美国各大城市,并引起西方发达资本主义国家不少大城市举行反对金融财团、反对贫富对立的抗议,都说明资本主义自我调节的能力是有限的。1%的人占有99%财富的社会,是不可能持续存在和发展的。资本主义社会并不像人们设想的那样充满活力和无限生机。沉迷于资本主义的自我调节和修复能力而宣扬马克思主义过时论,毫无根据。西方有的评论家把马克思主义称为"当代资本主义的解码器",这个评论是对的。

马克思主义之所以能占据真理的制高点,因为它是发展着的真理。马克思当年就明确宣布:"我不主张我们竖起任何教条主义的旗帜","我们不是以空论家的姿态,手中拿了一套现成的新原理向世界喝道:真理在这里,向它跪拜吧!"马克思主义主要是由马克思创立的,但马克思是奠基者,并非马克思主义科学体系的最终完成者和科学真理的结束者。马克思主义的发展永远不会终结,它在后继者与各国具体实际相结合中不断得到发展。

马克思主义的中国化,就是马克思主义在中国创造性发展的范例。毛泽东思想、邓小平理论、"三个代表"重要思想、科学发展观、习近平新时代中国特色社会主义思想,都是对马克思主义的继承和发展。有些理论家鼓吹中国改革的胜利,是西方新自由主义的胜利,是资本主义私有制的胜利。这是对马克思主义本质的曲解。当代中国马克思主义是发展了的马克思主义。发展了的马克思主义本质仍然是马克思主义。它与历史上的马克思列宁主义既一脉相承,又与时俱进。一脉相承的是,当代中国马克思主义坚持马克思主义基本原理,否则它就不属于马克思主义;与时俱进的是,当代中国马克思主义具有时代特色、民族特色、中国特色,是时代特征和民族特征的理论凝结,是马克思主义的创造性发展。当代中国的马克思主义,21 世纪的马克思主义,就是马克思主义,是马克思主义中国化的伟大成果。

马克思主义与时俱进的本性,它的创造性、实践性和开放性是马克思主义永远占据真理制高点的内在机制。这种机制保证它不会因为缔造者的离世后继无人而变为思想史上的过客,马克思主义的继承者、信仰者和实践者遍及全世界;也不会由于故步自封、思想僵化而被历史淘汰,被淘汰的只能是一些号称马克思主义实为教条主义或修正主义的"跳

1856 年 10 月至 1868 年马克思在伦敦住过的房子格拉弗顿坊 46 号

蚤",而不是科学马克思主义学说。马克思主义的内生机制保证它不会成为思想史上的绝唱,而是越来越显示它的真理性。

二、道义制高点

马克思主义占据道义的制高点,因为马克思主义没有特殊利益,不谋私利,不是某个集团或阶级利益的代表,而是为无产阶级和人类解放而斗争的学说,代表人类绝大多数人的利益和历史进

步方向。思想史证明,凡是只代表统治者狭隘私利的学说总是不会长久的,因为特定阶级的统治不会长久;凡是反映人民利益的学说和智慧能够流传,因为人民是永存的。任何社会可以没有特定统治者,但不可能没有人民。马克思主义占据道义制高点,就是因为它代表全世界被压迫者和被剥削者的根本利益,比任何时代的进步学说都具有最广大的人民性。

马克思主义缔造者马克思的光辉一生,他的全部生活和理论研究就是占据道义制高点的典范。马克思首先是一位革命家,他毕生的真正使命是以各种方式参与推翻资本主义社会。马克思以一位无产阶级革命家的深情和以世界为己任的宽大胸怀,关心工人阶级的生活和斗争,关心妇女的社会地位和解放,他说没有妇女的酵素就不可能有伟大的社会变革,社会进步可以用女性的社会地位来精确地衡量;他关心被压迫民族和弱小民族的命运和革命斗争,他支持中国的太平天国运动,支持中国反对英法帝国主义以贸易为借口的侵略战争,谴责帝国主义对中国的无耻掠夺,对中国人民充满同情并对中华民族的觉醒和兴起寄予期待。

马克思的全部科学研究活动,不是为了成为一个学者,而是为无产阶级和人类解放研究锻造理论武器。无论是被反动政府驱逐被迫流亡,无论是遭遇子女夭亡之疼,无论是贫困和疾病的困扰,都不能动摇马克思理论研究的决心。为了揭示资本的秘密和资本主义社会发展的规律而从事《资本论》写作的马克思,由于肝病而“一直在坟墓的边缘徘徊”,但没有因此而停止研究。他在给朋友的信中说:“我不得不利用我还能工作的每时每刻来完成我的著作,为了它,我已经牺牲了我的健康、幸福和家庭。”马克思嘲笑那些所谓“实际的"人和他们的聪明:"如果一个人愿意变成一头牛,那他当然可以不管人类的痛苦,而只顾自己的皮。但是,如果我没有全部完成我的这部书(至少是写成草稿)就死去的话,我的确会认为自己是不实际的。"马克思的确像是为人间盗火而宁愿遭受宙斯惩罚的普罗米修斯,他认识到自己对无产阶级和人类所负的责任而牺牲自己的一切。这种力量是真理的力量,同时也是一种道义力量和道义的高度自觉。

在中国,中国共产党同样站在道义的制高点上。中国共产党把民族的复兴和人民的解放作为自己的革命目标,为了人民的利益,无数中国共产党人流血牺牲、英勇就义,是革命道德的楷模。毛泽东同志把"为人民服务"定为中国共产党人的宗旨。他在《为人民服务》中说:"我们的共产党和共产党所领导的八路军、新四军,是革命的队伍。我们这个队伍完全是为着解放人民的,是彻底地为人民的利益工作的。"在党的十九大报告中,习近平总书记对"以人民为中心"作了深刻论述,强调"必须坚持人民主体地位,坚持立党为公、执政为民,践行全心全意为人民服务的根本宗旨,把党的群众路线贯彻到治国理政全部活动之中,把人民对美好生活的向往作为奋斗目标,依靠人民创造历史伟业"。习近平总书记强调全面从严治党,把党内的腐败分子驱逐出去,就是保证中国共产党队伍的纯洁性,保证中国共产党是全心全意为中国人民服务的党,从而始终站在道义的制高点上。

三、真理和道义结合的最高追求

共产主义对共产党人来说,既是历史发展的规律,又是理想和信仰。共产党人坚持共产主义理想和信仰是站在真理和道义的制高点上,因为它是建立在人类社会发展规律基础上,又最符合全体中国人民的根本利益。习近平总书记明确指出:"学习马克思,就要学习和实践马克思主义关于人类社会发展规律的思想。马克思科学揭示了人类社会最终走向共产主义的必然趋势。马克思、恩格斯坚信,未来社会'将是这样一个联合体,在那里,每个人的自由发展是一切人的自由发展的条件'。"

有些人对共产主义理想抱怀疑态度,有些共产党员信仰发生动摇,因为他们不是从人类发展历史规律角度考察共产主义,从无产阶级和人类解放角度考察共产主义,而是把共产主义理解为我要什么就有什么的社会,是满足个人无限需要的社会,是天上掉馅饼的社会。这种"共产主义"当然渺茫,当然是"乌托邦"。共产主义是改变现存社会的活动和逐步建立的一种社会形态,而不是源源不断供给无限需要的现成魔盒。列宁在《国家与革命》中曾经批判过这种"乌托邦"理论。他说:"从资产阶级的观点看来,很容易把这样的社会制度说成是'纯粹乌托邦',并冷嘲热讽地说社会主义者许诺每个人都有权利向社会领取任何数量的巧克力糖、汽车、钢琴等等。"列宁明确指出:"没有一个社会主义者想到过要'许诺'共产主义高级发展阶段的到来,而伟大的社会主义者在预见这个阶段将会到来时所设想的前提,既不是现在的劳动生产率,也不是现在的庸人。这种庸人正如波米亚洛夫斯基作品中的神学校学生一样,很会'无缘无故地'糟蹋社会财富的储存和提出不能实现的要求。"

作为人类社会发展形态的共产主义社会,不是无限满足消费的高消费社会,也不是人人可以不劳动就能恣意享受一切的懒人社会。共产主义社会是废除资本主义私有制即雇佣劳动制度,消灭阶级和两极对立、消灭剥削的社会。当然,废除资本主义私有制度不是废除个人对消费资料的占有。我们的住宅、我们的衣服、我们的大衣、我们的种种日用品无论多么高级,它并不是用来剥削他人的资本,而是生活用品。共产主义废除的是资本主义私有制,即废除以生产资料作为资本的雇佣劳动制度。共产主义社会是人自由全面发展的社会,因为消灭了阶级和阶级对立,因而也废除了把人终身束缚在旧的分工中,尤其是被束缚在自己并不乐意但仅为谋生而不得不从事的职业中。在共产主义社会,劳动时间可以大大缩短,自由时间大大延长。每个人都可以在最容易发挥自己的爱好、天赋和才能的领域中工作,而不必担心失业,人的潜能可以得到最有效的发挥。共产主义社会理想的实现,需要生产力的高度发展,需要物质财富和精神财富极大丰富,需要人的道德水平的极大提高。不从人类社会发展规律高度来理解共产主义,不从生产力和生产关系规律的角度来理解共产主义,就会把共产主义歪曲为无限满足个人需要,道德水平低下的庸人社会。

共产主义社会不仅是一种社会形态,而且是一种具有连续性的运动过程,是一个共产主义因素不断增长的过程。习近平总书记指出:"人民对美好生活的向往就是我们的奋斗目标。我们要坚持以人民为中心的发展思想,抓住人民最关心最直接最现实的利益问题,不断保障和改善民生,促进社会公平正义,在更高水平上实现幼有所育、学有所教、劳有所得、病有所医、老有所养、住有所居、弱有所扶,让发展成果更多更公平惠及全体人民,不断促进人的全面发展,朝着实现全体人民共同富裕不断迈进。"实际上,这就是共产主义因素的积累,从总体目标说是在逐步朝着共产主义目标方向前进,马克思和恩格斯设想的人类美好前景正在不断地在中国大地上生动展现。当然,中国现在仍然处在社会主义初级阶段,它不能不实行符合社会主义初级阶段的政策,从而具有初级阶段的社会特征。这是过程,而不是终点。不能把共产主义理想、目标和现行政策对立起来。一个坚定的马克思主义理论工作者,不能因为自己的生命短暂看不到共产主义社会的实现而发生理想和信仰动摇。我们每个人的生命是有限的,而达到发达社会主义和共产主义社会所需要的历史长度远比个人的生命长。如果我们的眼界受制于个体生命的长度,而非立足于马克思主义关于人类社会发展规律的理论的厚度和深度,往往是短见的、近视的。我们要把共产主义远大理想同中国特色社会主义共同理想统一起来、同我们正在做的事情统一起来,坚守共产主义的理想信念,像马克思那样为共产主义奋斗终生。

四、高举马克思主义旗帜

一个在 13 亿多人口大国执政的中国共产党,一个拥有近 9000 万党员的中国共产党,一个在改革开放中获得举世瞩目成就的中国共产党,如此隆重地纪念马克思诞辰,就是向全世界宣示,中国共产党始终高举马克思主义旗帜,坚持马克思主义中国化道路,坚持中国特色社会主义道路。我们要高举马克思主义旗帜,因为马克思主义是真理的旗帜,是道义的旗帜。

Die heilige Familie,

oder

Kritik

der

kritischen Kritik.

Gegen Bruno Bauer & Consorten.

Von

Friedrich Engels und Karl Marx.

Frankfurt a. M.

Literarische Anstalt.

(J. Rütten.)

1845.

马克思和恩格斯合著的《神圣家族》第一版的扉页

对中国共产党人来说,不仅马克思是伟大革命家和伟大思想家,而且马克思的思想精髓已经成为一种主义,即成为马克思主义。成为马克思主义,就是说成为一面与旧的世界和旧的传统决裂和战斗的旗帜。在这面旗帜下,世界上集结了亿万信仰者、实践者大军,并且由他们组成政党。马克思主义是由马克思恩格斯思想、马克思主义基本原理、马克思主义政党、马克思主义革命者、社会主义革命实践者结为一体的学说,可以说是五合一,而不仅仅是停留在经典、停留在文本里的理论或学说。马克思主义和历史上所有思想家的不同正在于此。我们只听说过世界上有苏格拉底、柏拉图思想,康德、黑格尔思想,至多说康德主义或黑格尔主义。这只是在纯思想意义上说的康德主义或黑格尔主义,它与思想是同义语,因为世界上从来不存在改变世界的康德主义党或黑格尔主义党。他们是思想家、哲学家,而不是革命家,他们的思想是学说,而不是改变世界的指南。只有马克思主义才真正实现了马克思在《关于费尔巴哈的提纲》第十一条的誓言:"哲学家们只是用不同的方式解释世界,而问题在于改变世界。"

蕴含在马克思和恩格斯经典著作中的思想理论精髓构成马克思主义基本原理,对创立具有系统性和科学性的马克思主义特别重要。有了主义就如同举起了一面旗帜。一支军队有军旗,一个国家有国旗,军旗代表军队,国旗代表国家。没有旗帜的军队不是正规军,没有国旗的国家不是一个国家。在战斗中被缴军旗就是战败或投降,被降下国旗就是被占领,就是亡国。对共产党而言,马克思主义就是旗帜。不高举马克思主义旗帜的共产党,就不是真正的共产党。若是共产党取消马克思主义指导,就是倒旗,倒旗就是倒党、亡党。对社会主义国家而言,倒旗,同时意味着复辟,意味着和平演变。苏联社会主义失败就是前车之鉴。习近平总书记明确指出:"马克思主义是我们立党立国的根本指导思想。背离或放弃马克思主义,我们党就会失去灵魂、迷失方向。在坚持马克思主义指导地位这一根本问题上,我们必须坚定不移,任何时候任何情况下都不能有丝毫动摇。"马克思主义作为旗帜的重要性是恩格斯提出来的。恩格斯在《共产党宣言》1890年的序言中满怀豪情地说:"欧美无产阶级正在检阅自己的战斗力量,它们第一次在一个旗帜下动员成为一个军队,以求达到一个最近的目的。"

马克思主义的旗帜树立起来就如同吹响了集结号。自从马克思主义产生以后,世界格局开始发生了根本性变化。从十月革命破开坚冰打通航道,世界开始出现社会主义与资本主义两种社会制度。世界创立了一百多个共产党,它们虽然力量还不够强大,但星星之火可以燎原。代表人类社会发展未来的是工人阶级政党,而不是资产阶级政党,是共产主义社会,而不是资本主义社会。

中国共产党人更有理由和必要纪念马克思诞辰200周年。正是马克思主义在中国的传播,中国才开天辟地出现了中国共产党,中国先进的革命知识分子才从黑夜的摸索中找到了走出民族存亡困境和踏上民族复兴道路的理论指南,改写了中国近现代发展历史的进程,改变了20世纪中国的命运。习近平总书记在纪念中国共产党成立95周年的讲话中,满怀激情地感谢马克思和马克思主义:"95年来,中国共产党之所以能够完成近代以来各种政治力量不可能完成的艰巨任务,就在于始终把马克思主义这一科学理论作为自己的行动指南,并坚持在实践中不断丰富和发展马克思主义。这使我们党得以摆脱以往一切政治力量追求自身特殊利益的局限,以唯物辩证的科学精神、无私无畏的博大胸怀领导和推动中国革命、建设、改革,不断坚持真理、修正错误。无论是处于顺境还是逆境,我们党从未动摇对马克思主义的信仰。"在纪念马克思诞辰 200 周年的讲话中,习近平总书记再次表达对马克思和马克思主义的感谢之情:"可以告慰马克思的是,马克思主义指引中国成功走上了全面建设社会主义现代化强国的康庄大道,中国共产党人作为马克思主义的忠诚信奉者、坚定实践者,正在为坚持和发展马克思主义而执着努力!"中国政府赠送给特里尔市马克思的高大雕像,就是中国共产党和中国人民对马克思思想给中国带来的巨变表达的感谢之情。

马克思最伟大的思想遗产是马克思主义;最重要的政治遗产是世界许多国家成立的共产党;最具有号召力和吸引力的伟大理想是消灭阶级、消灭剥削,建立一个人的自由全面发展的共产主义社会;最重要的社会变革是社会主义开始由理想变成现实。我们要坚决反对不加分析地把马克思与马克思主义对立的观点,以颂扬马克思的名义反对马克思主义科学学说。我们要反对把共产党与马克思主义割裂开来,企图用民主社会主义、用新自由主义取代马克思主义的指导地位。我们要坚决反对把共产主义伟大目标与共产党割裂开来,宣扬"共产主义渺茫论"。我们要坚决反对把马克思主义与中国传统文化对立起来,把中国近百年的伟大社会变革,视为中国传统文化的中断,并把所谓"中断"归罪于马克思主义在中国的传播,归罪于中国革命的观点。

中国的近百年历史,是实现中华民族伟大复兴的社会变革史,是马克思主义在中国传播和马克思主义中国化的历史。社会主义道路不是简单延续我国历史文化的母版,如果延续儒学道统不可能走出民族衰败甚至灭亡的困境。以儒学为主导的中国传统文化,只有在中国站起来、富起来、强起来的社会大变革条件下,才能真正得到科学尊重和合理继承;也只有在社会主义中国,孔子才能从被历代封建统治者偶像化和工具化的地位,真正回归作为中国伟大思想家和教育家的崇高地位。儒学由政治化儒学到学术儒学,由制度化儒学到文化儒学的转变,是儒学真正复兴的开始而不是中断。这个过程,是在近百年中国社会变革中逐步实现的。我们要以历史唯物主义观点深刻理解中国近百年伟大社会变革的实质和它的指导思想转换的必然性和必要性,科学理解马克思主义和以儒学为主导的中国传统文化的辩证关系,正确评价马克思和马克思主义在中国近百年变革中的作用,继承中华优秀传统文化,坚持中国传统文化的创造性转化和创新性发展。我们要认真学习习近平总书记的重要讲话,学习马克思主义中国化的最新成果,继续高举马克思主义的真理和道义的旗帜,实现中华民族伟大复兴的中国梦。

《共产党宣言》的开篇文笔犀利、大气磅礴:"一个幽灵,共产主义的幽灵,在欧洲游荡。为了对这个幽灵进行神圣的围剿,旧欧洲的一切势力,教皇和沙皇、梅特涅和基佐、法国的激进和德国的警察,都联合起来了。""现在是共产党人向全世界公开说明自己的观点、自己的目的、自己的意图并且拿党自己的宣言来反驳关于共产主义幽灵的神话的时候了。"在一定意义上,这段话也可以理解为马克思自己遭受当时反动政府联合驱逐,把自己的研究成果公之于世的自我写照。马克思只享寿 65 岁，却为人类留下了无数代人都取之不尽的宝贵精神财富。

马克思逝世后被安葬在英国伦敦北郊海格特公墓的僻静角落，20 世纪 50 年代由共产党人迁葬并立了个半身像。虽然没有豪华的坟墓和高大墓碑，但任何王公贵族、巨商富贾的陵墓都无法与其相比。马克思的名字以自己对无产阶级、对人类世界的伟大贡献永远镌刻在历史的丰碑上。在马克思诞辰 200 周年之际，世界各地到马克思墓地瞻仰和献花致敬者不少。"面对我们的骨灰，高尚的人们将会洒下热泪。"马克思青年时代的预言已成为现实。

第三章　新时代哲学的现实关注

　　在中国特色社会主义新时代,深入揭示社会发展的内在规律,解析我国社会主要矛盾的转化,探究如何满足人民对美好生活的实际需要,应以问题为导向,运用马克思主义哲学阐释现代化建设的中国经验及其内蕴的实践逻辑,为解决全球问题贡献中国智慧。

一、马克思主义哲学原理、思想史 与现实问题研究

　　我不同意一些国外学者对青年马克思

和老年马克思的关系的看法,不同意将马克思主义归结于黑格尔哲学,归结为费尔巴哈人本主义或以异化为核心重新阐述马克思主义哲学。我认为这样会曲解历史唯物主义。我们应当反思过度强调单纯以文献手稿为依据的研究方式。从常识角度看,人的思想一定是越来越成熟的,不可能到老了反而没有年轻时思想成熟。著作也是一样,出版文本一定比原始手稿成熟,手稿第二稿一定比第一稿成熟,否则何必修改呢?

马克思的思想是一个逐步形成的过程,一些重要的思想观念,比如人类解放问题,如何实现人的自由与全面发展,马克思在年轻的时候就认真思考过,也写过很多这方面的文章。但马克思最初深受费尔巴哈人本主义的影响,这时马克思思想还不成熟,后来研究政治经济学使他的观念更加现实。正是通过研究政治经济学,马克思的历史唯物主义思想逐渐形成。所以,恩格斯晚年说,他和马克思年轻时候在经济史方面的知识还不充足。仅仅强调青年马克思的异化思想、关于个体与类和人本主义思想,认为这些思想比历史唯物主义更重要,显然是对马克思哲学发展历程的一种曲解。

从《资本论》作为大写的逻辑来说,当然是包含丰富的辩证法与历史唯物主义的著作,但它的主题不是哲学著作,而是对资本主义生产方式和交换方式的分析,是对资本主义经济发展规律的研究。但马克思的经济学研究运用了新的思维方法和研究方法,因此我们在《资本论》《1857—1858 年经济学手稿》以及其他相关著作中能看到马克思丰富的哲学思想毫不奇怪。如果在马克思的经济著作发现不了马克思的哲学思想倒是令人奇怪的。马克思的研究是从问题出发的,他运用很多学科的思想资源来解决问题,应该说哲学方法在这些研究中是一以贯之的。马克思的政治经济学研究与历史唯物主义研究结合在一起，他深入到生产过程内部，研究个体和类的矛盾，发现社会发展规律，探讨历史的辩证运动，研究人们的物质利益问题。马克思全部研究的问题意识是一致的，后人不应该将他的研究割裂成各种碎片。

列宁所说的马克思主义三个组成部分指的是最核心的部分。马克思从来没想过要将这些部分分开，但后人研究当然可以从一个方面切入，以便更深入地研究马克思的某方面的思想，但决不要忘记了总体。搞哲学的对经济问题完全是门外汉，哲学只能变为教条，反之亦然。马克思主义内部的对话与合作很重要，这与马克思学术研究的方法是一致的。不同学科的研究当然有差异，但只是沉湎于某一学科的研究，不了解其他学科的前沿成果，恐怕是有问题的。马克思从来没有把哲学、政治经济学和科学社会主义研究割裂开来，割裂式的研究说明后人研究马克思主义的局限性。

历史和现实不是对立的，今天的现实就是明天的历史，今天的历史就是昨天的现实。没有现实眼光，也不可能有历史眼光。我觉得对眼前的事情都分析不清楚，不可能对几千年前的事情分析清楚。历史唯物主义不仅是分析历史的主义。很多人都弄错了，以为历史唯物主义是从历史研究中得出的并且只是用来指导研究历史。其实，历史唯物主义是在对市民社会的经济学解剖中得出来的，马克思在1859年写的《〈政治经济学批判〉序言》中对这个问题说得很清楚。他总结出一般规律，总结出社会历史形态更替的历史规律，就成为我们指导研究历史的基本观点和方法论。现实中发生的事件，不会重复历史现象，但会有相似性。历史中会包含理解现实的经验和教训,尤其是历史的规律具有重复性。思想家要学会从历史中汲取智慧。历史研究关键在于发现规律,人类历史重要的事变几乎都是具有规律性的。其实,走向历史的深处和从历史的深处走向现实一样,都需要有停留在事物的现象,而且必须把握规律。

以问题为导向,是学术研究的方向性思路。解决各种具体问题,要靠各个学科、各个行业。问题从来不是现成地摆在那里,到

马克思在这里诞生(特利尔布吕肯巷 664 号)

底要解决什么问题,首先需要明确。哲学主要是提供方法论的指导。哲学当然有用,如果哲学没有用,为什么自古以来,无论中西都产生了那些有名的哲学家,哲学思想一直被视为人类的智慧。一个没有用的学科能几千年传承不断吗?就像人的器官一样,没有用的器官早就退化了。社会各行各业也是一样,凡是没有用的行业就慢慢消失了。现在谁还看见过补锅的行业,早淘汰了,能够存在与发展的都是有用的。哲学不能解决各种具体问题,但各个行业都需要哲学思维,都需要解决问题的方法。当问题上升到哲学层面,就离不开分析概念了,因为哲学思维就是概念思维,艺术是形象思维。因此,科学与哲学、与艺术都存在极其密切的关系。其中,哲学与科学的关系,就是我们应该正确理解的问题。虽然是老问题,可在当代,这个问题还有很强的现实性。

科学昌明给人们带来很多哲学问题,人工智能就反映了很多伦理学问题。很多科学家运用哲学思维分析具体问题,像爱因斯坦、马赫,都是很有哲学见解的科学家。我在人大马列主义研究班学习的时候,很多给我们授课的苏联专家既是哲学家也是科学家。我当年学了一些自然科学知识,虽然都是些皮毛,但是终身受益。现在我们搞哲学,分工太细,壁垒太严,非科学技术专业的学生一般自然科学修养不太好,极大地妨碍了哲学思维发展和研究深化,这是值得深思的问题。

哲学不能变为实证科学化,不能变成实证科学,但是哲学论断要有科学根据。哲学不能违背科学,哲学与科学是相互促进的。例如,中国的程朱理学或陆王心学,强调的理在事外、天理良心,或心外无物、心外无理,从主体道德修养角度看,有道理。我们应该重视其中的智慧,但不能取代关于世界物质性和规律客观性的科学世界观,因为实践和科学证明,理在事中,物在心外。当然,这不能否定理学和心学在人类道德自我约束和修养方面的作用,因为探讨问题的角度不一样。

说马克思主义哲学是实践的唯物主义,这当然没有问题。可如果把辩证唯物主义与实践唯物主义对立起来就有问题了。世界的存在是客观的,从生物进化角度看,人的产生是很晚的。人总是以主体的角度看待客体,所以有"一沙一世界,一花一天堂"这样的看法。主体不一样,个人眼中的世界就不一样。但个人眼中的世界不等于眼外的世界,不能否认世界的客观性和共同性,人们面对的是同一个世界。可以说,人的眼中的世界往往是个人的世界,而外在世界是人类共同的世界,它的存在不以个人眼中的世界为转移。无论你来看花与否,花在山中自开自落,不以看的人为转移。可你要知道山中是否有花,是开了还是败了,只有来看的人才知道。因此,来看,花在心中;不来看,花在心外。这里涉及本体论和认识论的问题,涉及内心世界和客观世界的关系问题。

马克思主义理论来自对资本主义的研究,资本主义只要存在,马克思主义批判性就会持续发挥作用。共产主义也不是人类历史的最后一站,但它是资本主义发展的下一站。马克思主义哲学之所以仍然有生命力,是因为资本主义的本质和结构性矛盾没有得到解决,少数人占有社会大多数财产的问题始终使人们感到不平和愤怒。在马克思所处的时代,资本主义是既成的社会,社会主义是未来的社会。马克思的重点是分析资本主义社会,但他提出了建设社会主义的原则,强调公有制取代私有制,强调人的自由和全面发展,这些原则是从与资本主义相对立的角度提出来的。列宁因为有了十月革命后一段时期的实践,提出了很多真知灼见。中国特色社会主义理论更是如此。

十月革命的伟大意义在于为人类开辟了新的航向,在资本主义世界创造了非资本主义的道路,现代中国选择了这条道路,这意味着新的社会形态取代了旧的社会形态。开启新的航向,这个意义如同法国大革命,法国大革命代表的是资本主义取代封建主义的方向,十月革命代表的是社会主义取代资本主义的方向。苏联社会问题值得反思,苏联解体是社会主义的夭折,但夭折的是苏联模式的社会主义,而不是取代资本主义的社会主义形态。俄罗斯人不会满足于贫富对立的状况,我将苏联解体看作是社会主义的曲折,不是俄罗斯社会发展的最后归宿。俄国发展的历史并没有终结。我们今天的世界仍然是资本主义占统治地位的世界,仍然存在着各种旧秩序的束缚,但马克思主义哲学揭示了社会发展规律,取代资本主义虽然是一个漫长的历史过程,可它具有历史必然性。

当时,中国知识分子面前有三条路:一是在中国建立资本主义社会,这根本不可能,只能做西方国家的附庸,永远当殖民地;二是强调君主立宪,维护封建体,搞"中学为体,西学为用"的改良主义,事实证明都行不通。一个是向西走,一个是向回走,这两条路都走不通,只能向东北走,向俄国的方向走。马克思主义者向东北走的这条路成功了。这也算是逼上梁山吧。想要拯救国民,当时没有别的办法,只能"以俄为师",走革命变革的道路。

这种历史的选择也与中国传统文化的公共性认同密切相关。

中国传统文化的主流并不强调个人主义。当然,集体不是个人的简单集合,而是由个人组成的存在的一种利益共同体关系。个人利益是客观存在的,只有当个人不再需要为自己的生存而争夺的时候,集体主义思想和道德才能得到最有效的培养。譬如食堂里的馒头,如果一人只能得到一个,很可能大家一拥而上,如果每个人都可以得到 10 个馒头,人们可能会慢慢走到食堂,优雅地取用。人的需要与欲望是不同的,真正生理的满足是有限的,比较容易,可欲望无穷。社会财富与个人占有之间存在一种正相反关系,社会财富越多,个人占有的欲望越少,反之越大。这就是马克思说的,当生产力不发展,平均主义只能导致贫穷的普遍化。所以社会丰裕有助于人的道德提高。野蛮,掠夺往往与社会不发展相联系。为什么"饱暖思淫欲,饥寒起盗心"可以同时并存呢?如果没有个体的贫困,人们就不会出卖肉体,不会当强盗和小偷。我们提倡发扬企业家精神,因为真正的企业家的功劳在于为社会创造财富。他们在为自己创造财富的同时,也在为社会积累财富。当然,社会财富只由企业家占有是不合理的,在一定阶段可以通过房产税、遗产税、累进税等社会调节方式。一个社会生产财富越来越多当然是好事,但只有少数人占有大多数社会财富是不公平的。因为财富的真正生产者并不只是作为生产组织者的企业家个人,而是广大劳动者,因此共享共富是合理的。

二、新时代中国马克思主义哲学的现实关注

马克思曾说过:"问题是时代的格言,是表现时代自己内心状

态的最实际的呼声。"我们进入了中国特色社会主义建设的新时代,因为中华民族实现了从站起来、富起来到强起来的伟大飞跃。党的十八大以来,我们党解决了很多以前想解决而没有解决的难事,办了很多过去想办而没有办成的事,现在社会发展有了新任务,我国主要矛盾发生了新的转化,转化为人民日益增长的美好生活的需要和不平衡不充分的发展之间的矛盾。社会发展不平衡不充分,本质上还是因为生产力发展水平有限,特别是发展落后地区生产力不强,与沿海地区发展差距比较大。社会发展的不充分不平衡阻碍了人民美好生活的可能性,所以存在矛盾。因此以经济建设为中心是正确的,我们反对唯 GDP,但不能轻视发展经济,增加社会财富。经济上不去,其他问题都难解决。根据全国的情况,我们不能轻言物质财富的时代结束了,对一部分人来说也许如此,但对全国来说未必如此。我们仍然应该坚持两手抓,在进行道德教育的同时,着力改善民生,仍然是重要问题。把幸福问题单纯归结内心世界问题,归结为道德问题或自我感觉问题,是不合适的。

西方现代化同时也是殖民化的过程,而中国现代化则是和平发展的过程。中国现代化主要靠独立自主的奋斗,不是靠海盗和掠夺,我们要尽力避免西方现代化过程中的失误。当然,很多方面也没能完全避免,比如生态污染问题,几乎是在迅速发展时难以避免的,只有发展到一定阶段,我们才意识到,这需要有财力和科技力量去逐步解决。

现代化与国家独立是不可分的。中国真正的现代化是从中华人民共和国成立开始的,没有独立的国家,就不可能有这个国家的现代化。一个国家在被剥削被压迫的时候是不可能实现现代化的,戴着锁链是不能跳舞的。不解决民族解放的问题,就不能进行现代化,任何国家都是这样的。建立中华人民共和国之前,中国生产领域有一些现代化因素,但当时中国还没有现代化的能力。李鸿章、张之洞搞的不能算现代化。如果一个足球队2/3都是外援,踢出的是这个国家的水平吗?那算什么呢?一个有觉悟的国民不能称赞被殖民中的所谓现代化。这里有一个历史观的问题。

马克思关于社会三形态和五形态的理论不是对立的,一个是以人的发展为前提,一个是以生产方式的改变为依据,人对物的依赖在私有制社会是普遍存在的。共同体是一种社会有机体,这确实是马克思主义哲学关注的重要问题,包括建构中华民族共同体和人类命运共同体的问题。中华民族共同体主要侧重民族和谐与国家统一,炎黄子孙都是中华民族的一分子,国家统一是构建中华民族共同体的前提。在历史上曾有各种政权并立的局面,张骞出使西域的时候,西域还是另一种政权。中原、辽金、西藏吐蕃、西夏……慢慢融合在一起,才形成统一的中国。今天,中国人找到一条不同于资本主义制度的通向自己国家和民族的复兴之路。建构人类命运共同体,是我们的外交理念,我们希望与世界各国携手合作,建设相互尊重、公平正义、合作共赢的新型国际关系。

美好生活主要体现了人们的生活质量,不仅体现在物质方面,而且体现在精神层面。人们的美好生活有多方面的需要,这些需要是怎么产生的?还是基于生产关系的改变。人民对美好生活的需要,代表着新的生产关系的要求。中国社会发展已经进入新时代,以公有制为基础的社会已经提供了人民拥有美好生活愿望的可能性,人们有更多的文化需要、受教育的需要。这里也有需要的层次问题,不同的人的需要层次是不同的。马斯洛讲的就是这个问题,最基本的是满足生存的需要,然后才有其他的需要。所以,还要更好地发展生产力。

以人民为中心,就是强调为人民服务,这反映了社会主义制度的本质和社会主义发展规律的要求。坚持以人民为中心,是中国特色社会主义发展的动力和价值目标。人民利益是我们考虑一切问题的出发点和落脚点。马克思主义哲学研究就是以人民为中心的,如果忘记以人民为中心,变成纯粹学术思辨,就脱离了马克思主义理论的本质。"人民"已经成为现代政治的普遍概念,西方国家在国情咨文中都强调"人民"。历代政治家都知道"水可载舟,亦可覆舟"的道理,但会不会以人民为中心呢? 不会,这是由阶级利益决定的。封建思想家的民本思想是一回事,封建社会的实际情形是另一回事。

鲁迅说,中国只有两个阶段,人们做稳奴隶的时代和人们做不稳奴隶的时代。马克思主义哲学强调以人民为中心,体现了理论和实践的统一。马克思主义哲学理论与社会主义制度和党的建设是一致的。古代思想家有很多民本主张,但他们不是统治者,这些主张没有变成现实。"民为贵,君为轻,社稷次之",当然是对的,但历史上没有一个帝王是这样做的。毛泽东说过,民本主义本质上是牛本主义,草料喂得好一点,是为了让劳动者多出一点力。封建王朝初兴的时候往往轻徭薄赋,战乱之后没有太多可剥削的地方,慢慢中兴之后,经济越来越好,剥削就加重了,矛盾加深了,土地兼并严重了,然后农民日子过不下去了,起义了,王朝灭亡了。再来一次,又是这样。中国的封建王朝很少有超过 300 年的。因

马克思的博士证书

此，我们应该懂得思想家的民本主义理想和封建社会实际之间的区别。

古人说"攻守异势"，革命时和革命后的任务是不同的。一个是破，一个是立，方式不一样。跳出历史周期率有很多途径，发扬社会主义民主是一种途径，监督政府不要人亡政息。毛泽东在快要进城的时候说，我们要务必继续保持谦虚、谨慎、不骄、不躁的作风，务必继续保持艰苦奋斗的作风。在社会主义建设和改革时期，我们找到了中华民族伟大复兴的道路，努力实现社会主义的自我完善和发展。让老百姓的日子越过越好，就是跳出历史周期率的途径。苏联解体的时候，为什么老百姓袖手旁观？因为他们觉得这个政权与自己没关系，这个政权已经脱离了人民。我们要全面从严治党，"党政军民学，东西南北中，党是领导一切的"。全面从严治党，是完善社会主义制度的需要。党的建设也包含发扬民主。保证我们党生机勃勃、永葆青春，才能有效防止历史周期率的重演。

西方马克思主义哲学家对资本主义有很深的认识，但没有合理的执政思路，也没有实质性地威胁资本主义的统治。中国马克思主义者实践地改变社会，这与西方马克思主义评论式的研究不同。在中国，马克思主义指导地位、党的领导、社会主义制度是一体的。哪一个环节出问题，其他环节都会受影响。西方的政党看重选票，我们肩负的是民族和人民的前途和命运，所以有明确的奋斗目标。

马克思主义哲学思维方法与工作方法是一致的，唯物辩证法强调我们在工作中总揽全局。贯彻新发展理念，要以哲学思维方法促进实际工作。思维方式不是简单的工具,而是与理念水乳交融的。我们在工作中既要有全面的观点,也要有长远的观点。历史思维、辩证思维、系统思维这些从根本上说都是哲学思维。社会正常运转需要基本的底线,我们做人做事不能违背基本的底线道德,底线思维和法治思维还关系到以德治国和依法治国的问题。新发展理念关涉全部社会生活,将社会作为有机整体来考虑。

构建中国马克思主义哲学话语体系,当然要继承中国优秀的哲学传统,借鉴西方优秀的哲学思想,丰富马克思主义哲学的时代内涵,这是马克思主义哲学中国化的重要内容。中国马克思主义哲学话语体系围绕中国问题展开,回答中国问题,用时代的视角充实理论内容,用中国人喜闻乐见的方式来表达。对很多传统概念的新界定和新解读也是一种新话语,因为我们在新阐释中赋予了这些概念新的内涵,比如中国特色社会主义、社会主义市场经济、以公有制为主体多种所有制经济共同发展,都是中国马克思主义哲学话语的重要内容。社会发展中的很多问题既是中国的问题,也是世界的问题。在这个方面,关键是构建中国理论,为社会主义赋予具有中国特色的时代内容。我相信,随着中国社会发展越来越好,中国马克思主义哲学一定会发扬光大。

三、从社会规律认识伟大斗争

斗争是哲学概念,具有最普遍的概括性,是唯物辩证法对立统一规律中的重要范畴,也是马克思主义政党实现自身历史使命的必由之路。马克思主义强调的斗争不是盲目的斗争,而是在客观规律指导下人的能动性的高度发挥,它是有理有利有节的。与自然规律不同,社会规律不会自动形成和实现,其形成和实现均离不开人的实践活动。虽然革命是基于社会基本矛盾激化又无法解决所产生的规律性现象,但它何时发生、以何种方式发生、斗争的结局如何,都与人们在实践中对规律的认识和运用密不可分。从规律的高度看待斗争,就不会陷于盲目的斗争;从斗争的高度看待规律,就不会消极无为,期待规律自动实现。

历史是最好的教科书。读读中国近代史就会发现,鸦片战争以后,中国陷入内忧外患、亡国灭种的险境,山河破碎,民不聊生。"我自横刀向天笑,去留肝胆两昆仑。"……许多志士仁人前仆后继、视死如归,其斗争精神永留青史。

中国共产党是用马克思主义武装起来的政党,始终坚持以马克思主义为指导,坚持从中国实际出发,不断提高认识规律的自觉性,发现了中国民主革命的规律,深化了对中国社会主义革命和建设规律的认识,特别是对中国特色社会主义建设规律的认识达到了新境界。以规律性认识为指引的实践经验,凝结为中国特色社会主义道路,升华为中国特色社会主义理论体系,转变为中国特色社会主义制度,形成为中国特色社会主义文化,其中就包括规律性认识结出的丰硕革命文化之果。中国共产党90多年的历史证明,只要我们的斗争实践符合规律,就能转危为安、夺取胜利;如果违背规律,就会招致挫折,由主动变为被动。

当今世界,经济全球化已成为必然趋势。习近平同志指出,面对经济全球化带来的机遇和挑战,正确的选择是,充分利用一切机遇,合作应对一切挑战,引导好经济全球化走向。世界正处于大发

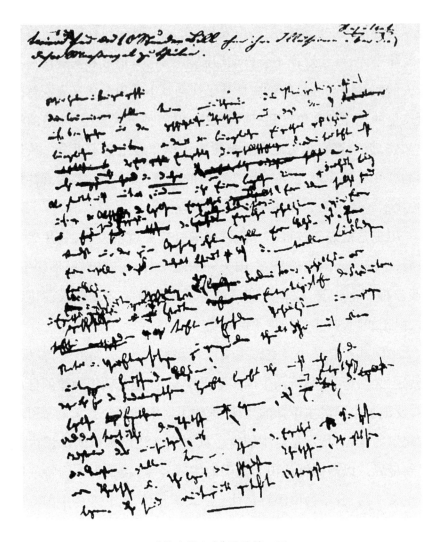

《共产党宣言》手稿第一页

展大变革大调整时期,这要求我们在面对单边主义和贸易保护主义的斗争中提高对人类社会发展规律的认识,全面深化改革开放。进入新时代,在我国社会主要矛盾发生转化的情况下,只有深化对社会主义建设规律的认识,才可能把握和增强改革的系统性、整体性、协同性。还应看到,在思想日益多元化和社会主义市场经济深入发展的条件下,执政党自身建设和自我革命面临着许多新情况新问题。任何信仰缺失和庸政、懒政、怠政的现象,都会严重影响党的先进性和纯洁性。必须深化对新时代共产党执政规律的认识,不断推进党的伟大自我革命。中国特色社会主义新时代,是成就辉煌灿烂、前途如日东升的时代,也是风险与机遇并存、挑战和发展相伴的时代。期待躺在安乐椅上过着逍遥岁月的想法,是同这个伟大时代格格不入的。只有不断深化对"三大规律"的认识,才能更好进行具有许多新的历史特点的伟大斗争。

实践没有止境,对规律的认识也没有止境。中国特色社会主义是人类历史上前所未有的伟大事业,我们不可能在各个领域完全达到对规律的自觉把握,这是一个逐步深化的过程。新时代,党员、干部应带头学习掌握辩证唯物主义和历史唯物主义的实践观、规律观、矛盾观,正确认识社会规律与伟大斗争的关系,防止经验主义和教条主义的干扰,在建设社会主义现代化强国、实现中华民族伟大复兴的征程上一棒接着一棒跑下去。

第四章　理论工作者的素养和品格

　　习近平总书记在全国宣传思想工作会议上强调要"建设具有强大凝聚力和引领力的社会主义意识形态",并明确提出"举旗帜、聚民心、育新人、兴文化、展形象"的新形势下宣传思想工作的使命任务。完成这一使命任务,马克思主义理论工作者应该发挥特别重要的作用。中国的马克思主义理论工作者队伍最庞大,这是我们的政治优势和理论优势。宣传思想工作的指导核心,说到底就是马克思主义。马克思主义理论工作者能否担此重任,取决于我们队伍的理论素养和品格塑造。

一、大力提高自身的理论水平

马克思主义内容科学丰富,犹如一座巍峨的大山。攀登者们必须以毕生之力研读并学会如何运用马克思主义,任何浅尝辄止者,都不可能成为一个有理论素养的马克思主义理论工作者。大力提高自身的马克思主义理论水平,必须真信;要真信,必须真懂;要真懂,必须真学、真用。在理论主体的塑造中,学、懂、信、用是不可分的。这是马克思主义理论与实践统一的本质特征。崇高信仰、坚定信念不会自发产生。习近平总书记曾经说过:"要炼就'金刚不坏之身',必须用科学理论武装头脑,不断培植我们的精神家园。"

理论要说服人,必须首先要说服自己。只有自己信,才能理直气壮地说服别人。宣传思想工作者是真理的播种者,要用真理教育别人,自己必须为真理所征服。一个在马克思主义立场上东倒西歪站立不稳的人,别指望他能帮助别人站稳。在大动荡大转折中,发生信仰动摇、理想破灭的人并不罕见。世界社会主义运动史如此,中国革命史同样如此。鲁迅先生在《非革命的急进革命论者》中说:"因为终极目的的不同,在行进时,也时时有人退伍,有人落荒,有人颓唐,有人叛变。"大浪淘沙,被冲倒的不少。

我们当代马克思主义理论工作者,不同于以生命和鲜血捍卫信仰的革命前辈。马克思主义理论工作的专业化、职业化,往往容易遮蔽掉马克思主义的革命本质和我们应承担的使命。应该认识到,我们大多是在教室里培养,在书房里成长的,我们有不必隐讳的弱点。当然,考验仍然存在,只是方式不同。世界并不平静,建设中国特色社会主义和实现中华民族伟大复兴任务艰巨,并非唾手可得。我们面对的考验很多,要准备进行伟大斗争,我们不仅要在国家发展顺利时坚持马克思主义,在遇到困难时同样应该坚持马克思主义。"任凭风浪起,稳坐钓鱼船。"我们的钓鱼船就是以习近平同志为核心的中国共产党的领导,是马克思主义,是全国人民。我们要有高水平的理论素养,能辨别和抵制各种错误思潮的入侵,也要有正确的政治方向,能经历社会急剧变化中存在的各种外部和内部的压力。改革开放同样是革命,同样是考验。在这个考验面前倒下去的干部不在少数,应该引起我们的警惕。

池田大作说过:"一旦建立信仰,便闭上理性的眼睛,封住理性的喉咙,这决不是信仰应有的状态。"对马克思主义者来说,信仰更要时时加固,要与时俱进。年久失修的房子是会倒塌的。加固信仰的最重要一条,就是要不断地结合实际学习马克思主义理论,学习发展着的马克思主义并不断把它内化为自己的信念。只有在新时代面临新的问题中,不断夯实马克思主义基本原理的基础,才能真正炼就不坏的金刚之身。如果满足以往的成就故步自封,思想僵化,就无法回答面临的新问题。如果没有马克思主义科学理论支撑,面对复杂的现实问题时,就往往由于困惑而产生理想信仰的动摇。

马克思主义科学理论是信仰的前提和支撑。理论要能说明当代世界问题,说明中国现实问题。而要能说明当代世界问题,就必须坚持创造性的马克思主义。如果不能说明中国现实问题,乱花迷眼,往往会因为迷茫而导致理想破灭。摧毁理想信念的是信仰动摇,摧毁信仰的是理论动摇,而理论动摇的原因是对马克思主义的创造性本质和运用缺乏理解。实际上,在马克思主义理论和现实之间并不是直线关系,而是有个重要联系环节,这就是实践,是依据时间、地点和条件变化实际运用马克思主义。不能文本中的每句话都必须照着做,也不是文本中没有说的话不准做。如果这样对待文本,文本就变成马克思主义创造性发展的紧箍咒。

二、读经典悟原理是提高理论水平的正确道路

马克思主义理论工作者,必须既要研究马克思主义经典,又要研究马克思主义基本原理。习近平总书记提出:"读马克思主义经典、悟马克思主义原理。"这是对两者关系最精准的论断。经典如同富矿,而原理则是蕴藏其中的宝石;经典是参天大树,而原理则是树上的智慧之果。要真正准确掌握马克思主义基本原理,必须认真学习马克思主义经典著作。不精读和深入研究马克思主义经典著作而只读第二手资料,如同在小溪中舀水而从未见过海洋一样。经典的最大好处是常读常新。在新的时代、新的条件下不断夯实自己的马克思主义理论基础,必须原原本本认认真真学习马克思主义的经典著作。

当然,学习经典并非目的,目的在于从经典中体悟原理。我认为这"体悟"二字非常重要。没有体悟,就不可能把马克思主义原理变为自己真正掌握和内化的真理。歌德说:"莱辛自己有一次说过,假如上帝把真理交给他,他会谢绝这份礼物,宁愿自己费力

去把它找到。"从经典中体悟原理,就是把自己的全部经验和思想注入对经典的阅读中,并结合实际从中发现原理的真理光辉。

我们重视 MEGA1(《马克思恩格斯全集》历史考证版 1)和 MEGA2(《马克思恩格斯全集》历史考证版 2)提供的文献资料,也重视西方学者近年来在文本研究中取得的可喜成绩,它对于我们深化对经典文献的历史背景、对马克思主义基本原理的准确理解提供了有益的帮助。经典研究如钻探,钻得越深收获可能越大。对经典的深度耕耘是马克思主义研究中的一个重要方面。在马克思主义研究中有专人从事文献学研究,从事经典研究非常必要,它是马克思主义研究方向的拓展。

但我们要深刻领会习近平总书记提出的"读马克思主义经典、悟马克思主义原理"这个论述的重要意义。有人说"读经典、悟原理"是不可能的。不同人阅读可以得出完全不同的结论。如果一部《红楼梦》能读出一千个贾宝玉,为什么马克思和恩格斯的无数手稿和著作中不能读出一百种马克思主义呢? 这种比喻似是而非。《红楼梦》是小说,它塑造的是艺术形象;马克思主义基本原理是科学理论,它揭示的是规律。艺术形象可以有不同解读,而对客观规律的认识不依赖主体的解释,而是取决于实践验证。马克思说过:"哲学是问:什么是真理? 而不是问什么被看作真理? 它所关心的是大家的真理,而不是某几个人的真理。"马克思主义基本原理揭示的规律的客观性和真理的可验证性,是验证真假马克思主义的试金石。

历史是一切哲学社会科学的基础,马克思主义同样如此。马克思主义发展史是科学把握马克思主义文本和基本原理两者关系

的历史基础。文本是个整体
性概念，它包括马克思和恩
格斯生前出版的著作，包括
为研究和写作准备的读书笔
记、摘录和尚未定稿的片段，
也包括他们去世后整理出版
的著作。它们在马克思主义
理论中的地位和成熟程度是
各不相同的。我们要把它们
作为马克思和恩格斯的具有
内在关联性和连续性的深入
的对真理的探求，放在马克
思和恩格斯思想发展史中来
把握。这是一个有探索、有
用语或概念的变化和精确化

马克思（1866 年 3 月底）

的表达过程，其中会出现不同的提法，在马克思和恩格斯的书信中
也会有对问题不同看法的讨论。这并不奇怪，罗马不是一天造成
的。但其中最重要最核心的是马克思主义基本原理的缔造和成熟
过程，它贯穿于马克思和恩格斯生前的著作中并作为分析方法运
用于自己著作中。马克思和恩格斯共同缔造的以马克思命名的基
本原理，是他们著作中不断重复出现的具有规律性概括的基本观
点，并且经过社会主义革命和社会主义实践的长期验证，而不只是
马克思和恩格斯著作中的某个论断或某句话或某个词语。从手稿
或经典中拾遗抉微，发现过去没有发现或没有注意的论断或提法，

有学术意义，值得研究，但一个坚定的马克思主义信仰者决不会以他们某一手稿或著作中的某句话作为新发现来否定马克思主义基本原理，而是把它放在马克思和恩格斯思想发展史中予以科学合理的解释。因此，文本和基本原理两者关系的答案存在于思想发展的历史之中。如果把文本从马克思主义发展史中剥离出来，与原理的形成和成熟过程相互隔离，就既不能理解原理的正确性，也不能理解文本内涵的丰富性、多样性，更不能解释其中存在的某些差异性甚至所谓矛盾性。

文本研究要注意方法。因为专注一经而没有历史连续性的观点，容易孤立化和碎片化，并由此导致片面解读甚至误读。马克思和恩格斯缔造马克思主义并非一次完成的，可以说，终其一生都在不断根据实践经验和研究成果完善自己的理论。为什么对《1844年经济学哲学手稿》产生的误读最多？就是因为其中马克思的思想正处在形成的过渡期。它既包含天才思想的萌芽和亮光，也有它由之而来的曾经信仰的遗迹。如果只着眼《1844年经济学哲学手稿》，而把马克思1845年撰写的《关于费尔巴哈的提纲》以及随后的《德意志意识形态》对费尔巴哈针锋相对的批判置于理论视野之外，就会把手稿中的人性的异化和复归说成是真正的马克思主义，而以后的著作都是对它的背离和后退，从而导致用抽象人本主义历史观对马克思主义基本原理，尤其是对历史唯物主义的颠覆性解释。

对于一种学说的创立者来说，重要的是他已有手稿的真实性，而不在于它手稿的完整性。在于已发现手稿说了什么，而不在于手稿没有说什么。《德意志意识形态》一书第一卷出现多种编辑版本,这只能代表编辑者的观点和编辑方法,它不能改变已有手稿本身包含的观点。只要考察一下马克思在批判费尔巴哈和一切旧唯物主义的各个手稿中包含的一系列基本观点,就可以明白它对历史唯物主义创立的意义。《马克思恩格斯全集》历史考证版负责人格哈德·胡伯曼说:"马克思是德意志哲学的集大成者,并将哲学和社会科学结合起来。马克思著名的历史唯物主义论断,即经济基础决定上层建筑,成为放之四海而皆准的普遍真理。"他承认,《德意志意识形态》非常重要,"因为它是历史唯物主义的奠基之作"。

特别重要的是,落实习近平总书记"读马克思主义经典、悟马克思主义原理"的重要论述,决不能忘记马克思和恩格斯的生平。马克思和恩格斯思想发展史应该包括他们的实践史,包括马克思、恩格斯以及他们的战友们为其理想和信仰奋斗一生的历史。马克思和恩格斯一生的历史,应该成为对"什么是马克思主义"活生生的实践展示,也是我们在研究文本时必须考虑的实践标准。马克思和恩格斯的一生是革命者的一生,他们用各种方式参与反对资本主义的革命;他们一生都在以无可辩驳的理据批判资本主义,论证资本主义被社会主义取代的历史必然性,终身为无产阶级和人类解放进行理论研究,他们在著作中运用的哲学武器就是唯物主义辩证法和历史唯物主义的分析方法。任何关于马克思主义的定义和所谓有新发现的解释,如果无视马克思和恩格斯一生以实践活动方式展示的理论的实际内容,而是寻章摘句抓住某一手稿或文本中的片言只语来否定或曲解马克思和恩格斯的学说和相互关系,都不可能得到正确的结论。我们反对以文本为依据读出的所谓"马克思主义本质未定论""马克思主义并非马克思和恩格斯共同缔造论""恩格斯伪造论""马恩对立论""两个马克思对立论"，等等，因为它涉及的不是马克思和恩格斯某些差异或个别观点的不同的提法，而是对马克思主义科学体系的整体性否定。把经典特别是其中未经整理发表的多种手稿中的某些差异性放在马克思和恩格斯共同缔造的马克思主义之上，放在经过实践检验并在实践中不断发展过的基本原理之上，是西方某些反对马克思主义的"马克思学"由来已久的做法。我们不能重复这种思路。这种研究路径和目的，与习近平总书记强调的"读马克思主义经典、悟马克思主义原理"是背道而驰的。

三、涵养正气，升华境界

习近平总书记把"涵养正气、淬炼思想、升华境界、指导实践"作为"读马克思主义经典、悟马克思主义原理"的要求，这说明"读经典、悟原理"对造就一个立场坚定、道德高尚、九死无悔的马克思主义理论工作者的人生境界的重要性。

天地有正气，这是中国哲学的气论。体现在马克思主义理论工作者身上就是坚定性，在任何情况下都不动摇，真正具有"富贵不能淫，贫贱不能移，威武不能屈"的大丈夫品格。在中国共产党历史上多少烈士，临难不苟免，血洒刑场。正值秋夜月明，我想起毛泽东的《蝶恋花·答李淑一》。构思奇幻，情浓似血。作者不仅是对亲人和战友的深情怀念，也是对为革命牺牲的千千万万烈士们的哀思。吴刚献酒，嫦娥起舞，迎接直上重霄的不仅是烈士的英灵,而且是沛然塞苍冥的共产党人的浩然正气。

社会主义社会应该是正气处于主导地位的社会。我们倡导并大力培育和践行社会主义核心价值观,反对腐败,就是要营造风清气正的社会正气。马克思主义理论工作者应该是正气即正能量的发扬者。但要能承担这个任务,自身就应该是社会正气的承载者,决不能让邪气压倒正气。理论上的两面人同政治上的两面人同样可憎。涵养正气,这是马克思主义理论工作者一辈子的修养,是我们始终如一终身坚守马克思主义的意志和道德支撑。

正气最核心的内容是道德境界。马克思主义理论工作者的道德境界应该是坚持"实事求是"和"为人民服务",而这同样都是"读经典、悟原理"的核心内容。

"实事求是"是中国共产党的思想路线,也是我们坚守马克思主义的道德境界。《皇帝的新衣》的永久价值正在于它揭示了一个真理:无私才能无畏,心实才能真诚。没有党性或党性不纯、私心太重望风办事,是决不能也不敢实事求是的。我们党一直提倡"实事求是",这也应该是马克思主义理论工作者勇于坚持真理的道德精神。我们所处的岗位、负担的责任、职业和收入方式可以不同,但作为中国人我们应该同样具有爱国主义精神,具有家国情怀。国家的发展和稳定、中华民族的伟大复兴,与我们每个人休戚相关。我们全体中国人民都是在同一条船上。你只要看看中东地区成百万难民逃离家园,有的葬身大海,就会明白这个道理。

作为一个马克思主义理论工作者,我们负有宣传党的理论、路线、方针、政策的责任。这不会降低马克思主义理论品格,而是我们理论与实际相结合的一种方式,也是对我们马克思主义理论水平的一种考试。老实说,没有一定的理论分析能力,要想宣传也是宣传不好的。因为习近平新时代中国特色社会主义思想、"四个自信"和社会主义核心价值观等,都是当代中国马克思主义中具有高度理论性的论述。没有马克思主义理论功底,可能讲不清说不明。宣传思想工作也不是为错误和社会问题洗地,不是"凡是存在的都是合理的"的辩护者。对社会不良现象包括政策执行中存在的错误,可以提出批评意见,发挥舆论的监督作用。但我们必须坚定地反对各种恶意攻击和抹黑,反对向水缸里吐脏水的人。在维护社会主义基本制度和坚持中国特色社会主义道路问题上,我们应该理直气壮。

任何没有政治偏见的人,包括国际人士都承认社会主义中国取得的成就,尤其是改革开放 40 多年来取得的举世瞩目的成就。从 1840 年鸦片战争天朝崩溃开始,哪个朝代、哪个政府、哪个社会,能与中国共产党领导下的当代社会主义社会相比?成亿中国人出国旅游,曾经足不出家门的中国老大妈也成为旅游者;国内交通四通八达,朝发夕至,一日生活圈已不为奇。虽然也有个别人以历史研究的名义歌颂"前清"、歌颂"北洋",或者怀念"民国",这种旧朝情愫,其实不会为广大中国老百姓所认同。

我不否认我们社会同样会存在问题。当代世界哪个国家、哪个社会不存在问题?西方发达国家没有问题吗?当然有。没有不存在问题的社会,重要的是问题的性质、问题能否解决,执政者按照谁的利益解决问题,这才是关键。资本主义制度下的两极对立、不同利益集团对政治的支配是资本主义制度的必然产物。这些矛盾不可调和,矛盾的解决意味着资本主义制度的终结。我们作为

马克思的中学毕业证书

最大的发展中国家当然也有我们自己的问题。在迅速发展中我们在一些领域不同程度上积累了一些社会矛盾,包括生态环境的破坏、社会道德和诚信的缺失、官员的贪污腐败,等等。而且在经济发展方面,一些核心技术并不掌握在我们手中,我们的外销大多是中低端产品,经济发展模式有待升级。但这并不是不可解决的基本制度的痼疾,而是成长中的烦恼,是进一步倒逼深化改革的动力。如果资本主义社会包含的根本问题的解决,意味着资本主义社会终结的话,我们面对问题的解决,则意味着社会主义制度自我完善和中国特色社会主义建设更上一层楼。这就是资本主义社会根本制度的痼疾和中国特色社会主义社会成长中烦恼的区别。我们党从来没有隐讳我们发展中存在一些问题。习近平总书记多次在重要报告中列出过我们党内和社会上存在的问题,并语重心长地强调我们要有忧患意识。如果否认问题,何必警钟长鸣!

以人民为中心是马克思主义最重要的基本原理,也是"读经典、悟原理"的最重要内容。习近平总书记说:"马克思主义是人民的理论。"如果不坚持以人民为中心,我们就从根本上背离了马克思主义。有人说,以人民为中心与我无关。我平头百姓一个,不就是一个普通的马克思主义理论教员嘛!我说,阁下错了,你手握"三权"而不自知。你有课堂的主导权、论坛的发言权、著作中学术话语的引领权。这个权力可不小。习近平总书记把"马克思主义被边缘化、空泛化、标签化,在一些学科中'失语'、教材中'失踪'、论坛上'失声'"视为应该引起"高度重视"的大事。这种情况形成的原因复杂,但我们作为马克思主义理论工作者有自己不可推诿的责任。思想政治课课堂是我们在主讲,理论论坛是我们在发言,有关马克思主义的文章和著作是我们在撰写。课堂如何讲,论坛如何发声,文章如何写,这是我们的责任。别小瞧这"三权",它归总起来涉及意识形态领域中的领导权问题。

以人民为中心不是一句空话。人民不是抽象的集合体,而是包括每一个个人。我们的课堂面对的一届又一届学生,我们的论坛面对的听众,我们的文章和著作面对的读者,不就是现实的人民吗?对我们理论工作者来说,牢牢把握好使用好这"三权",切切实实让马克思主义在思想政治课发光、在论坛上发声、在文章中发言,这就是以人民为中心。从血管里流出的是血,水管里流出的是水。理想和信仰不是悬在太空中,它就贯穿于我们的职业中,贯穿于成为专家学者的努力中。

习近平总书记强调"淬炼思想",这是要我们以创造性态度对待马克思主义。思想的重要性是不言而喻的。思想是理论的灵魂,是理想和信仰之光。法国思想家帕斯卡尔说的"人是会思想的芦苇"成为名言,就是因为突出了思想对人的意义。罗丹的《思想者》雕塑成为艺术珍品不仅在于技艺,也在于以艺术的形式突出了人是思想者。把马克思主义说成否定思想作用的机械唯物主义是一种蓄意曲解。其实马克思主义非常重视思想的反作用。恩格斯把"思维着的精神"称为"物质的最高的精华"。列宁称"唯心主义是人类智慧树上一枝不结果的花",赞扬"聪明的唯心主义论比愚蠢的唯物主义论更接近聪明的唯物主义论"。这都是对思想、对精神作用的肯定。

淬炼思想与涵养正气、升华境界不可分。心中没有正气,不坚持以人民为中心,对于马克思主义理论工作者来说,就不可能淬炼思想。淬炼思想需要无所畏惧地追求真理的精神,无私才能无畏。马克思主义理论工作者要成为敢于担当,坚持真理,有勇气发表有创造性见解的人。毛泽东曾经说过:"任何国家的共产党,任何国家的思想界,都要创造新的理论,写出新的著作,产生自己的理论家。"中国需要理论家,特别是当代中国的马克思主义理论家。不提倡淬炼思想,我们时代的自己的理论家就难以产生出来。

马克思主义理论工作者当然要捍卫马克思主义,捍卫社会主义制度和中国特色社会主义发展道路,要忠于人民、忠于党。这与攀附权贵是完全不同的两码事。我们蔑视阿谀奉承、反对曲学阿世,但这决不能成为我们可以对中国共产党领导,对我们的政府,对中国共产党的路线、方针、政策采取对立态度,以此表示"人格独立"。这与其说是"人格独立",不如说是一种政治倾向。

淬炼思想当然需要学术民主。中国共产党倡导实践是检验真理性认识的唯一标准,倡导解放思想和与时俱进,就包含对研究中的"学术民主"的肯定。学术民主的本质是追求真理,包括追求真理过程中的探索,它的本体是学术,它的边界是人民的根本利益和相关法律法规。对自己民族经历的苦难、对中国共产党人和革命者的牺牲奋斗的历史、对中国特色社会主义道路取得的成就任意说三道四,做翻案文章,这扯不上"学术民主"。"学术民主"与在"学术民主"掩护下公然反对坚持四项基本原则,蓄意宣传资产阶级自由化思想不能混同。任何"读经典、悟原理"的人都应懂得这种区别。

马克思主义理论工作者的理论素质和品格塑造非常重要。这是关系到马克思主义理论工作者如何培养,马克思主义队伍如何建设,如何在宣传思想工作中发挥主导作用的大问题。苏联时期马克思主义理论队伍庞大,无处不姓马。可一旦山河变色,队伍就溃不成军。殷鉴不远,岂能忘哉!

第五章 向辩证法要智慧

历史高度决定思维深度。当代中国已进入中国特色社会主义新时代，站在历史新方位回顾中国近百年来伟大社会变革，反思中国从站起来、富起来到迎接强起来的历史过程，如高处之俯瞰来路，可以深刻把握中国历史变革的规律性。习近平总书记在党的十九大报告中指出："中国特色社会主义政治发展道路，是近代以来中国人民长期奋斗历史逻辑、理论逻辑、实践逻辑的必然结果，是坚持党的本质属性、践行党的根本宗旨的必然要求。" 研究中国近百年变革的历史辩证法,可以提高我们坚持中国特色社会主义道路和习近平新时代中国特色社会主义思想的自觉性。回溯过去,展望未来,我们满怀信心地继续走在近百年奋斗筑就的历史之路上。

一、历史发展的连续性和转折

中国近百年历史,从纵向看经历了站起来、富起来到迎接强起来的历史发展过程。各个阶段有其独特的历史内涵和历史使命。它们不可分割,一个阶段为下一个历史发展提供了前进的台阶并提出了新的有待解决的问题。

中国共产党领导的革命、建设、改革,既具有历史的连续性又有重要关头的伟大转折。连续性和转折构成中国近百年波澜壮阔、跌宕起伏、一个奋斗接一个奋斗的历史途程。贯穿这三阶段的主导思想就是习近平总书记在党的十九大报告中提出的"不忘初心,牢记使命,高举中国特色社会主义伟大旗帜,决胜全面建成小康社会,夺取新时代中国特色社会主义伟大胜利,为实现中华民族伟大复兴的中国梦不懈奋斗"。其指导思想是马克思主义和当代中国的马克思主义,而领导核心则是中国共产党。

"多难兴邦。"中国经历一个多世纪的民族苦难,在中国共产党领导的革命胜利后,终于站起来了。这有其历史必然性。马克思主义揭示的规律具有普遍性,但规律起作用的条件永远是具体的历史的。从普遍性角度说,生产关系改变的合理性,必须建立在生产关系不能容纳生产力进一步发展,而新的更高的生产关系已经在母胎中成熟的基础上;从具体性的角度说,由于各国社会的发展程度和历史条件不同,生产力需要发展到何种水平,生产关系才不能容纳它继续发展,这个条件是具体的历史的,并没有统一的标准。当代西方发达资本主义国家,生产力发展水平高,但它的生产关系仍有容纳生产力发展的余地,因而它们在一定程度和一定范围可以进行自我调节,这是西方发达国家虽然时时发生危机和冲突,但至今仍然没有发生马克思曾经预期的社会革命的原因。按照马克思主义对两个必然性规律的揭示,资本主义制度并非历史的终结,但社会变革的时间、方式和途径则要视各国具体条件而定。

中国革命必然性和合理性根据在于中国社会自身的社会基本矛盾,西方发达资本主义生产力的水平并不是衡量中国革命是否合理的标准。革命是具体的,发生革命的国家也是具体的。具体问题具体分析是辩证法的灵魂。旧中国生产力落后,但旧中国的生产关系更加腐朽,它严重阻碍生产力发展。毛泽东在《中国社会各阶级的分析》一文中指出:"在经济落后的半殖民地的中国,地主阶级和买办阶级完全是国际资产阶级的附庸,其生存和发展,是附属于帝国主义的。这些阶级代表中国最落后的和最反动的生产关系,阻碍中国生产力的发展。"其突出表现就是中国自身的民族工业处于衰败的困境,民生凋敝,国弱民穷。而建立在这种落后的经济基础上的上层建筑,其政治代表是腐朽的统治者,而政府则是最腐败的政权。这就是经济文化落后的中国,发生革命却早于发达资本主义国家的原因。穷则思变。旧中国的穷,表明生产关系和上层建筑严重阻碍生产力发展。中国社会自身社会生产力与

Zur Kritik

der

Politischen Oekonomie

von

Karl Marx.

Erstes Heft.

———————————————————

Berlin.
Verlag von Franz Duncker.
W. Besser's Verlagsbuchhandlung.

1859.

《政治经济学批判》第一分册,1859 年柏林版生产关系的矛盾、经济基础与上层建筑的矛盾的激化,才是中国革命必然性的内在根据。

中国的站起来不仅决定于社会基本矛盾的激化,还决定于有无革命政党和自觉的革命精神。马克思主义在中国的传播,中国共产党的成立,中华民族的文化传统都是中国革命的主体因素。中华民族这样一个有民族生命力和五千年传统文化的民族,当近代由于生产力与生产关系、经济基础与上层建筑矛盾如此尖锐且无法解决,致使中华民族陷入存亡绝境时,必然会从这种矛盾中产生一种相反的积极力量,产生历史杰出人物和运动,力挽狂澜,救民族败亡于水深火热之中。李大钊先生就曾经说过:"历史的道路,不全是平坦的,有时走到艰难险阻的境界,这是全靠雄健的精神才能够冲过去的。"

中国之所以会产生中国共产党,中国共产党之所以能领导中国革命并取得胜利,正是社会矛盾的激化和自强不息的民族精神的结合。在中国共产党的领导下,在马克思主义和马克思主义中国化理论指导下,经历 28 年艰苦奋斗,成立了中华人民共和国。中华人民共和国的成立表明中国人民从此站起来了。新中国诞生的前夜,在中国人民政治协商会议第一届全体会议上发表的开幕词中,毛泽东同志对各位出席会议的代表说:"我们有一个共同的感觉,这就是我们的工作将写在人类的历史上,它将表明:占人类总数四分之一的中国人从此站立起来了。"

历史的辩证法往往表现为历史的连续性和因果性。如果没有中国革命的胜利,没有建立一个独立自主,摆脱半殖民地半封建地位的新中国,没有以中华人民共和国的成立为标志的中国人民站起来了,就不可能在几十年后出现规模宏大影响深远的改革开放,由站起来过渡到富起来的阶段。同样如果没有改革开放以来的巨大物质积累和经验积累,没有开辟中国特色社会主义建设的道路和理论,就不可能继续开启建立社会主义现代化强国的新时代。习近平总书记之所以强调中国革命的历史逻辑,就是因为站起来、富起来、强起来不可能跳过任何一个阶段。人们并不是随心所欲地创造历史,并不是在自己选定的条件而是在既定的,从过去承继下来的条件下创造历史。历史的发展具有连续性、内在关联性和因果制约性。

中国近百年的历史逻辑表明,没有站起来就不可能有富起来,没有富起来就不可能有强起来。我们应该从规律性高度理解它们的关联性。割裂对三个阶段连续性及其重大转折的理解,就不能理解中国近百年历史发展的辩证法。改革开放的伟大成就及其开辟的中国特色社会主义实践和理论新境界,已经通过事实本身证明了它是中国社会主义历史连续性中的又一次重大转折,也是世界社会主义运动史的伟大创举。

对站起来、富起来、强起来三个阶段的历史连续性和转折关节点的辩证理解,不仅关系到对改革开放前后历史的评价,而且关系到我们的历史观,关系到中国近百年历史的规律性和可理解性。任何把改革开放前后历史绝对对立起来的观点,都不可能理解改革开放是在什么基础上展开的。如果没有中国革命的胜利和社会主义基本经济制度和政治制度的建立,没有建立相对比较完整的工业体系,改革开放就缺少经济前提和政治前提。习近平总书记关于改革开放前后历史不能对立的观点,坚持辩证唯物主义和历史唯物主义,充满哲学智慧和政治智慧。他在党的十九大报告中说:"我们党团结带领人民完成社会主义革命,确立社会主义基本制度,推进社会主义建设,完成了中华民族有史以来最为广泛而深刻的社会变革,为当代中国一切发展进步奠定了根本政治前提和制度基础,实现了中华民族由近代不断衰落到根本扭转命运、持续走向繁荣富强的伟大飞跃。"

习近平总书记用飞跃来形容站起来的伟大意义,不是偶然的。中国革命的胜利,中华人民共和国的成立的确是中国近代史上的一次伟大飞跃,因为它为中国以后发展开辟了最美好未来的前景,而不是某些人描述的中国跌入了一个阴暗世界、悲惨世界、专制世界。极少数人刮起民国风甚至北洋风,称颂和留恋那个时代是不可取的。其实,连有见识的西方学者都承认改革开放前后不能绝对对立。英国学者斯蒂芬·佩里在回答《环球时报》记者提问时涉及这个问题。他说:"有人试图将新中国分为邓小平之前和之后的时代,这样做太简单化了。改革开放之前的时代,我会说'没有毛泽东就没有现代中国',中国之所以能在1978年实行改革开放,包含了之前很多年的努力和试验,例如如何保持中国的统一,如何应对贫穷、重大疾病及教育与医疗资源的匮乏等。没有这些铺垫,改革开放是不会在那个时间点发生的。"

三个阶段不可分割,还关系到我们如何看待中国现代化的问题。有些学者说,从洋务运动开始中国就踏上了现代化之路,是中国革命打断了这个进程。按照他们的观点,如果没有中国共产党和中国共产党领导下的革命,中国照样能够实现现代化。这是违背历史事实的妄说。在中华人民共和国成立之前的旧中国,在强大的帝国主义经济支配下,民族工业的生存和发展空间极其有限,根本谈不上中国自己的工业化。这一点,凡是读过茅盾《子夜》,知道主人公吴荪甫命运的人都能懂。没有革命的胜利,没有中国站起来的历史大转折,在一个没有国家主权、没有民族独立的中国要实现现代化,纯属梦想。四个现代化是在中国人民站起来后提出来的国家战略目标,全面建设社会主义现代化国家是在中国强起来后提出来的实现中华民族伟大复兴的重要内容。殖民化不是现代化。即使在有些被殖民的国家会出现一些新式工业和进行一定的基础性建设,那是服务于殖民者获取利益需要的工业和基础建设,而不是为了被殖民国家的现代化。中国有段时间曾出现过"如果中国被殖民三百年,早就现代化"的荒唐言论。现在还有人以不同方式继续发表这种谬论。这是根本不懂国家独立和现代化之间关系,更不懂社会主义现代化和社会主义制度不可分割关系的无知之言。一个被压迫民族,是不可能实现现代化的,正如戴着镣铐的人无法跳远一样。

从辩证法角度看,站起来、富起来、强起来是实现中华民族伟大复兴事业中的有机组成部分,不可分割,不能缺少其中任何一环。这是中国近代百年历史发展的辩证法,也是马克思主义和中国实际相结合理论创新的辩证法。

二、历史在解决老问题提出新问题中前进

马克思曾经说过:"世界史本身,除了通过提出新的问题来解答和处理老问题之外,没有别的方法"。其实,中国近百年的历史

规律同样如此。毛泽东同志在天安门正式宣布中国人民已经站起来了,解决了一个从维新变法到辛亥革命所没有解决的老问题,解决了长期纷争不休的中国向何处去、出路何在、是全盘西化还是中体西用的老问题。中华人民共和国的成立表明,解决中国出路问题不是维新、不是变法、不是改良,而是革命。只有以马克思主义为指导,从中国实际出发才能探求到中国的真正出路。习近平总书记明确指出:"中国先进分子从马克思列宁主义的科学真理中看到了解决中国问题的出路。"

站起来后,解决了中国出路何在这个老问题,又须面对如何收拾国民党丢下来的烂摊子,使中国很快摆脱一穷二白,能够在较短时间内富起来,甚至强起来的新问题。这是涉及经济、政治、文化多个领域建设的问题。这是中国站起来后的历史发展的必然要求,是中国共产党的历史使命,也是全体中国人民的热切期望。如果中国通过革命胜利只是在政治上站起来了,而不是对社会进行全面改造,开始朝富起来、强起来的方向前进,那何必革命呢? 革命本身不是目的,而是实现中华民族伟大复兴的必经之路。

中华人民共和国成立后的头 30 年,是完成新民主主义革命,并向社会主义建设迈进的历史时期。从社会主义发展阶段来说,它是社会主义初级阶段中的始初阶段,必然具有任何事物在始初阶段所具有的不完善性和不成熟性。"其作始也简,其将毕也必巨。"这是规律性现象。中国社会主义建设是在一穷二白基础上,是在没有自身建设经验中摸索前行的。再加上曾经发生的"左"的错误,导致中国社会主义发展进入瓶颈期。其深层原因是社会主义建设实践自身提出的新问题:人民生活贫穷是社会主义社会吗？以阶级斗争为纲是社会主义建设的基本路线吗？中国社会主义能在计划经济和单一的公有制的基础上继续获得活力吗？改革开放不是偶然的，它是在一个历史转折时期，对前30年存在的问题和体制性缺陷寻找新的答案，有着深刻的经济、政治、社会和民意基础，符合中国社会主义发展的历史逻辑。

改革开放是中国特色社会主义道路上的伟大创举，是中国近百年历史的又一次重大转折。它开辟了中国社会主义历史发展的新局面，开辟了中国特色社会主义实践和理论创新的新境界。1976年10月粉碎"四人帮"从政治上扫除了继续前进的障碍，可思想往往落后于现实。从政治逻辑和思想逻辑辩证关系来说，政治格局的改变可以一夜之间实现，可思想解放更为困难。1978年关于真理标准问题的讨论起到了思想大解放的作用。正是在思想解放和实事求是思想路线恢复的基础上，中国社会主义发展重新获得了新动力和勃勃生机。

从历史逻辑来说，头30年的成就为进一步发展提供了前进的基础，而其中存在的问题和体制性缺陷又成为继续发展的障碍。这些障碍成为为什么要改革、改革什么，为什么要开放、如何开放所需要解决的新问题。什么是社会主义和如何建设社会主义，正是对前一阶段存在的问题的总体性的提问，而这个提问中包含经济、政治、思想和体制多方面丰富内涵的展开。放弃以阶级斗争为纲，转到以经济建设为中心，提出"一个中心、两个基本点"的党的基本路线；由计划经济体制逐步转变到实行社会主义市场经济；由单一公有制转变到以公有制为主体多种经济成分共同发展，等等，中国经济发展获得了前所未有的新动力。正如习近平总书记指出的："我们党深刻认识到，实现中华民族伟大复兴，必须合乎时代潮流、顺应人民意愿，勇于改革开放，让党和人民事业始终充满奋勇前进的强大动力。我们党团结带领人民进行改革开放新的伟大革命，破除阻碍国家和民族发展的一切思想和体制障碍，开辟了中国特色社会主义道路，使中国大踏步赶上时代。"没有改革开放，也就没有现在的中国。我们热烈庆祝改革开放 40 周年，原因正在于此。历史逻辑、政治逻辑、思想逻辑的统一在改革开放中得到呈现。

燕妮

富起来，是对 40 多年改革开放成果的标志性概括。的确，改革开放使中国开始富起来，成为世界第二大经济实体，成为世界贸易大国，成为外汇储备最多的国家。富起来为中国特色社会主义进入强起来的新阶段提供了多方面的条件。如果没有改革开放积累的财富，我们不可能在国防、教育、卫生、社会保障，以及扶贫脱困方面投入大量资金。民生是立国之本，人民生活的富裕既是社会主义的硬实力，也是软实力，因为它体现了社会主义制度的优越性。可以说，富起来使站起来站得更牢。富起来,也使强起来成为可能。经济是基础,是综合国力最重要组成部分。中国改革开放成就是举世瞩目和公认的。我们用 40 多年走过了西方主要发达国家上百年才达到的大体相当的发展水平。

历史发展是辩证的,只要发展不要问题是不可能的。在站起来的阶段,我们解决了民族独立的问题,踏上了建设社会主义新中国的道路,但我们的人民生活还比较清苦,并且体制上也还存在诸多不完善之处和缺陷。这些问题,在富起来的阶段通过改革开放得到较好解决。但富起来有富起来的问题,我们开始在总体上摆脱贫穷,原有体制的弊端得到调整、新体制逐步建立,社会充满求富、奔富的活力。但在迅速发展中又积累了新的问题和新的矛盾,包括政治生态中贪污腐败现象多发、自然生态中环境破坏严重、文化生态中理想和信仰的缺失、社会生态中贫富分化悬殊,等等。这些问题是埋伏在强起来之路上的隐患,必须在强国之路上得到解决。

三、强起来—富起来—强起来

不同阶段有不同的问题:穷有穷的问题,富有富的问题,强有强的问题。穷则多困,贫困阻碍生活的提高;富则易侈易骄,骄奢催生社会不良现象;强则多忌,会遭受来自外部对发展各种方式的遏制和阻挠。因此,强国之路不仅要解决富起来留下来的旧问题,还要面对强起来的新问题。习近平总书记强调:"当前,改革发展稳定任务之重、矛盾风险挑战之多、治国理政考验之大都是前所未有的。我们要赢得优势、赢得主动、赢得未来,必须不断提高运用马克思主义分析和解决实际问题的能力,不断提高运用科学理论指导我们应对重大挑战、抵御重大风险、克服重大阻力、化解重大矛盾、解决重大问题的能力,以更宽广的视野、更长远的眼光来思考把握未来发展面临的一系列重大问题,不断坚定马克思主义信仰和共产主义理想。"

习近平总书记提出人民日益增长的美好生活需要和不平衡不充分的发展之间这一新时代的社会主要矛盾,并且一再强调中国仍然处在社会主义初级阶段,就是因为我们发展不平衡不充分,富起来仍然是相对的。我们国土面积大,人口多,我们的国民生产总值用 13 亿多人平均,排名在世界上还是相对靠后的。况且人民对美好生活的向往不能单纯用 GDP 衡量,它的内容是多方面的。我们要贯彻新发展理念,坚持以人民为中心,抓住人民群众最关心的现实利益问题,不断保障和改善民生、促进社会公平正义,使改革成果更多更公平惠及全体人民,不断促进人的全面发展,朝着实现全体人民的共同富裕迈进,大力改善生态环境,坚持人与自然和谐共生,建设美丽中国。我们要大力提倡科技创新,把核心技术掌握在自己手里,避免受制于人,建设科技大国、文化强国。

按照历史辩证法,我们不能把站起来、富起来、强起来视为相互取代的历史阶段,而是后一阶段包括前一阶段的成果和继续解决前一阶段出现的问题。我们要充分认识中国近百年历史变革的伟大意义,它的确是中国几千年历史从未有过的大变化。但同时我们应该实事求是地承认,我们的"富"和"强"仍然是相对的。

历史不能简单相比,但历史经验可以借鉴。尤其是社会主义的历史经验更具有直接的可借鉴性。苏联从 1917 年十月革命到克里姆林宫红旗落地,时间为 74 年。俄罗斯在列宁领导下通过十月革命站了起来,英法美等 14 国军队的进攻没有把它扼杀在摇篮里。苏联在解体之前,当时也可算一个富国,因为它的 GDP 约是美国的 60%,考虑到它的人口,人均比我们现在要富得多。至于说强,苏联解体前是个强国,是世界上唯一能与美国相比肩的强国。美苏是世界上两个超级大国,是两霸。可谁也没有料到苏联解体,社会主义在苏联遭到失败。这表明一个社会主义国家,要站得牢、富得久、强得硬,必须坚持共产党领导,高举马克思主义旗帜,必须把马克思主义基本原理与本国实际相结合才能立于不败之地。否则一旦发生颠覆性错误,就会半途夭折。

习近平总书记对政治方向问题、对中国道路问题、对理想信仰问题非常重视。他一直教导我们要有忧患意识,要防止发生颠覆性错误。党的十八大以来,以习近平同志为核心的党中央以巨大的政治勇气和强烈的责任担当,提出了一系列治国理政新理念新思想新战略,出台一系列重大举措,推进一系列重大工作,解决了许多长期想解决而没有解决的难题,办成了许多过去想办而没有办成的大事,推动党和国家事业发生历史性变革,取得历史性成就。特别令人振奋的是,习近平总书记非常重视党的建设,坚持社会革命和自我革命的统一。推动全面从严治党,毫不手软地反对贪污腐败。非常重视坚持马克思主义在意识形态领域中的指导地位,让马克思主义旗帜在中国天空高高飘扬。在社会主义国家,共产党的领导、马克思主义的指导地位、社会主义制度的繁荣和发展不可分割。克里姆林宫红旗落地可以发生在一瞬之间,可苏联社会主义的失败可不是一夜之间,而是已经经历了几十年的政治和思想的蜕变期。冰冻三尺岂是一日之寒。前车之覆,后车之鉴,岂能不慎!

纪念马克思诞辰 200 周年,中国最为隆重。在庄严的人民大会堂,中央政治局全体常委出席,几千名马克思主义理论工作者参加庆祝大会,习近平总书记发表了缅怀马克思伟大人格和历史功绩、重温马克思崇高精神的重要讲话。如此隆重、如此庄严、如此规格,向全世界传达了一个重要信息:不管中国发展到何种程度,中国共产党都不忘初心、牢记使命。任何人都不要指望中国共产党会放弃中国道路,接受西方的所谓"普世价值"。习近平总书记在报告结尾以铿锵有力之声传达的就是这个信息:"前进道路上,我们要继续高扬马克思主义伟大旗帜,让马克思、恩格斯设想的人类社会美好前景不断在中国大地上生动展现出来!"马克思主义旗帜应该在中国天空永远飘扬,中国特色社会主义道路应该一直走下去,习近平新时代中国特色社会主义思想应该永远坚持。

世界并不平静,社会主义之路并不平坦,改革也不可能是绝对完美、绝对完善一次到位。解决老问题,防止出现新问题。改革没有句号,因为问题没有句号。每次新问题的解决,都使中国特色社会主义前进到一个更高的阶段,也是中国特色社会主义理论的新发展、新境界。这符合社会主义发展规律,恩格斯说过所谓社会主义不是一成不变的,而是经常变化和改革的社会。也符合《矛盾论》和《实践论》阐述的对立统一规律和实践与认识关系的规律。中国特色社会主义实践推动理论发展,而中国特色社会主义实践和理论都是在解决矛盾中前进的。

四、中国与世界的关系也受辩证法规律支配

中国从站起来、富起来到强起来的历史进程，不仅是中国历史的深刻变革，同时也是影响世界政治格局、世界历史进程的变革，是中国与世界互动关系性质的变革。

中国与世界的关系同样是受辩证法规律支配的。马克思1853年发表在《纽约每日论坛报》的评论文章《中国革命和欧洲革命》中，曾经用历史辩证法"两极相联"即对立统一观点考察中国与欧洲的关系。马克思说："'两极相联'这个朴素的谚语是一个伟大而不可移易地适用于生活一切方面的真理，是哲学家所离不开的定理，就像天文学家离不开普勒或牛顿的伟大发现一样。"并说："中国革命对文明世界很可能发生的影响却是这个原则的一个明显例证。"马克思的这个判断在当代中国的社会变革中得到最明显的证明。

中国是一个有五千年传统文化的文明古国。在以往几千年历史中，直到明代前期，中国在世界仍占有重要地位，向世界贡献了中国文明，也吸取了其他国家的文明成果。中国与世界的交往是和平的、互惠的。中国是爱好和平的国家。在近代西方资本主义产生以后向外侵略和殖民的时代，中国曾经遭受帝国主义列强的宰割和侵略，是受害者、被压迫者。西方列强在中国与世界关系中，处于矛盾的主导方面。从站起来开始，中国逐步从世界的边缘走向世界的中心，但中国从不追求主导世界。毛泽东说过，中国应该对世界作出更大贡献。中国开始强起来后，这个方针没有变，也

永远不会变。从 2001 年加入世界贸易组织到共建"一带一路"的倡议和构建人类命运共同体,都显示了作为踏上强国之路发展中的大国,中国虽然已经改变了近代在世界格局中屡遭侵略和挨打的地位,但不会走国强必霸的老路,而是同各国人民一道,积极构建人类命运共同体,不断为人类和平和发展作出新的贡献。中国坚持对外开放,促进了世界经济的发展,同时也发展了中国。中国的开放政策符合历史潮流,符合世界各国的利益。中国与世界的关系是互利共赢的良性互动的辩证关系。世界离不开中国,中国也离不开世界。

第六章 树立唯物主义历史观

历史唯物主义的产生是哲学中的变革。我们要坚持历史唯物主义。习近平总书记在中央政治局集体学习中主持过学习历史唯物主义，强调历史唯物主义的重要性。在党的十九大报告中习近平总书记再次提出要"树立唯物主义历史观"。对中国共产党来说，坚持历史唯物主义是理所当然的。在当代中国，我们坚持历史唯物主义，就必须首先坚持历史的客观性观点，如果历史没有客观性，而是任人打扮的 18 岁的小姑娘，那历史根本不可能成为具有科学性的学科。可是要阐明历史的客观性并非易事,因为客观历史要变成书写的历史,必须经过历史研究者,即经过主体。而主体固有的主体性,往往会为历史客观性设下种种障碍。西方历史哲学曾经对历史客观性提出种种问题,这都是难题,也是一种促进。无论是其中包含的历史智慧或是提出的难题,甚至错误的观点,都可作为它山之石,有助于我们创造性地发展历史唯物主义关于历史客观性的思想。

一、历史的客观性与历史认识的间接性

习近平总书记关于历史的一些重要论断:如"历史就是历史,历史不能任意选择";"历史是最好的教科书,也是最好的清醒剂";"弄明白历史怎样走来、又怎样走下去,从而不断增强中国特色社会主义道路自信、理论自信、制度自信";等等。这些关于历史的重要论断,都是以历史事实的客观性为前提的。历史如果没有客观性,只主观地历史书写,那一切历史书都是空话。一切历史著作都应该付之一炬,或仅仅归为文学创作,供人作为小说阅读消遣。马克思说:"历史不外是各个世代的依次交替。"历史是人创造的,历史规律是人的实践活动合力的结果。但历史一经创造出来,就由主体的活动变成客观事实。历史是尝然而不是未然,是既成事实而不是等待书写的文本。历史不可选择,不可假设,不可改变。

对历史的客观性,马克思有非常精辟的分析:"人们自己创造自己的历史,但是他们并不是随心所欲地创造,并不是在他们自己

挂在马克思在柏林大学上学期间居住过的路易森街 60 号墙上的纪念牌

选定的条件下创造,而是在直接碰到的、既定的、从过去承继下来的条件下创造。"无可选择性就是历史的客观性。也正因为历史是客观的,其中包含着人类实践积累的经验、教训和历史的规律,因此历史才能成为最好的教科书、最好的清醒剂,成为现实的一面镜子。只有坚持历史事实的客观性,中国传统史学倡导的"以史为镜",称历史为"镜鉴"才有根据。也正因为历史是客观的,只要弄清中国五千年的历史和文化传统,弄清中国是如何走过来的,我们就能增强对中国特色社会主义道路自信、理论自信、制度自信和文化自信的历史依据。习近平十九大报告关于中国历史方位和中国特色社会主义进入新时代的判断、关于主要矛盾的判断、关于实现中华民族复兴中国梦的判断,都是基于中国五千年文明史,中国近代史和中国共产党九十多年的奋斗史,四十多年改革开放的历史,尤其是十八大以来新时代的历史成就的判断为依据的。习近平总书记的报告立足现实、总结历史、展望未来,整个贯穿的是承认历史客观性的分析方法。

历史是客观的,可是在历史的研究中,历史的客观性变成了间接性。历史研究者面对的是种种历史资料,包括文字的、文物的、地上的、地下的,这是历史的残迹,而不可能是面对历史自身。这是历史研究中的一大难题,成为坚持历史科学性的绊脚石。法国年鉴学派大师马克·布洛赫留下的一本未完成的著作名为《为历史学辩护》。这本书是针对历史有什么用,为历史学存在的理由而写的。历史学需要为自己的存在合理性而辩护。他发表了为历史学合理性辩护极富感情的话:"历史学以人类的活动为特定的对象,它思接千载,视通万里,千姿百态,令人销魂,因此它比其他学科更能激发人们的想象力。"[1]为什么他要为历史学辩护呢? 其中一个原因就是历史学面临的历史客观性和历史认识的间接性矛盾,大大削弱了历史学的可信度。他说:"历史学家绝对不可能直接观察到他所研究的事实。没有一个埃及学家看到过拉美西斯,没有一个研究拿破仑战争的专家听到过奥斯特里茨战役的炮声。我们只能通过目击者的记录来叙述以往的史实。"[2]

其实,这个困难是任何历史研究的普遍困难。我们研究秦汉史,谁也没见过秦始皇,没有见过楚汉之争,没有见过汉武帝,没有见吴楚七国之乱。总之,凡是历史事实都不是当代历史研究者能亲见的。苏轼的《念奴娇·赤壁怀古》,面对乱石崩云、惊涛裂岸的滔滔江水,小乔初嫁时雄姿英发的周郎,羽扇纶巾的诸葛先生,

---

① 布洛赫:《为历史学辩护》,中国人民大学出版社 2006 年版,第 5 页。
② 同上书,第 42 页。

樯橹灰飞烟灭的赤壁鏖战,也只能是站立岸边"遥想当年"。毛泽东的《沁园春·雪》面对银装素裹的如画江山,也只能追思秦皇汉武、唐宗宋祖、一代天骄成吉思汗,但"俱往矣,数风流人物还看今朝"。人永远面对的是现实的存在,只能面对历史远去的背影。历史研究只能是间接性的,所有的历史研究都是如此。只要是历史,就表明研究者不可能直接面对当时的现实,即使是现代史当代史的研究也都是如此。历史研究者永远不可能是历史的"在场者",而是"缺位者"。回忆录严格说不是历史研究著作,而是亲历者提供的历史资料。

历史研究处于一种困境,这种困境"就如同警官要力图重构犯罪现场一样,又好像一位卧病在床的物理学家,只能通过实验师的报告来了解实验的结果。总之,与现在的了解相反,对过去的了解必然是'间接'的。"①因此,布洛赫提出的历史学需要为自己的存在辩护,辩护它作为一门学科存在的合理性、它的科学性、它的价值和功能等等一系列对历史学性命攸关的问题,根本原因在于历史客观性问题何以可能、如何解决历史客观性与历史研究间接性的矛盾问题。

历史唯心主义不存在这个矛盾,因为它不会为历史事实的客观性所困扰,而只承认支配历史的观念和思想的主体性。历史的本质并非历史自身的客观性和历史自身的规律性,而是支配历史的观念和思想的至上性,所谓客观历史只不过是观念和思想的投射。黑格尔的历史哲学的核心是理性主宰世界,世界历史是精神

---

① 布洛赫:《为历史学辩护》,中国人民大学出版社 2006 年版,第 42 页。

在各种最高形态的、神圣的、绝对的过程的表现。世界历史只是舞台,绝对观念实现自身的舞台。黑格尔用理念来解释历史,用来解释世界历史为什么从东方开始,经过希腊罗马,再到普鲁士。他也用世界理性或说绝对精神来解释英雄人物,认为英雄之所以是英雄是因为在他们的目的中分享有世界精神的目的。他正是以这种观点说拿破仑是骑在马背上的世界精神。这样,所谓主客体二分化的矛盾被融化于绝对观念之中。历史主体对历史的认识是一,而非二,历史是绝对观念的体现,而对历史的认识是绝对观念的自我认识。可究竟什么是绝对观念,估计黑格尔自己也说不明白。恩格斯曾揶揄说:"绝对观念——它所以是绝对的,只是因为他关于这个观念绝对说不出什么来。"

柯林武德关于"一切历史都是思想史的"的论断,说:"史学的确切对象乃是思想,——并非是被思想的事物而是思想本身的行为。"[①]既然历史研究的对象是被思考的支配历史的思想而不是历史客观性自身,历史事实客观性就被一笔勾销了。柯林武德在《历史的观念》中宣扬的观念,我们可以看到黑格尔关于历史的本质和对历史认识是对绝对观念自我认识的影子,都属于历史唯心主义观点。不过一为客观唯心主义,一为主观唯心主义。都是马克思批判的,"是想象的主体的想象活动"。

当然,黑格尔和柯林武德都对历史理论有其独特贡献。黑格尔的绝对观念只是他为构建绝对真理体系而找到的一块巨大奠基石,他在绝对观念外化为自然界,然后在精神中,即在思维中,在历

---

① 柯林武德:《历史的观念》,何兆武、张文杰译,商务印书馆 2003 年版,第 12 页。

史中,再返回自身的这样一个圆圈式运动的构想中,发表了许多深刻的有价值的思想。他的关于历史发展的辩证法和具体分析历史问题的极强的历史感,都是对历史研究的巨大贡献;柯林武德反对实证主义,反对剪刀加糨糊的史学,强调历史事件中贯穿着思想,历史事件并非仅仅是现象,仅仅是观察对象,而是包含着对历史进程中思想的看法,对于历史研究都有重要意义。但就反对历史客观性来说,他们基本立足点都是错误的。他们深刻的历史智慧被建立在否定历史客观性的唯心主义基础之上。

什么是历史事实,历史有事实吗? 历史哲学不断追问这个问题。这个问题听起很哲学,很吓人,如果我们换个方式提问就并没有那么神秘:我们面对的现实是客观的吗? 我们是生活在梦中还是真实地生活着? 如果我们不是那位梦蝶的庄周,或是被"唯一的存在是自我"的观点醉晕,都会毫无怀疑地说,我们生活的现实是客观的现实,我们面对的世界所发生的一切事情都是真实地在发生着的,而不是在做梦,不是"本来无一物,何处染尘埃"的禅境。其实,历史并不神秘,当前的现实就是未来的历史,而当前的所谓历史就是过去的现实。如果承认现实的客观性,承认自己生活的世界是真实的世界,不是在做白日梦,就应该合乎逻辑地承认历史的客观性,承认未来现实的客观性。客观性贯穿人类全部过去、现在和未来的现实生活之中。

当然,历史和历史研究不同,历史研究所追求的不是历史无限事实的客观性,而是与自己需要解决问题的历史材料的真实性。历史只有成为研究对象时才成为史学。历史研究即历史书写都是以问题为导向。判断史实的真实性和客观性与所研究的问题不可

101

分。任何历史研究都是对呈现为历史问题的历史事件和历史人物的研究。用来说明自己研究的历史问题的史实材料是否真实,这属于科学研究水平问题,而不是历史有无事实的问题。恩格斯曾说过,对一个历史问题的研究往往需要多年时间。因为搜集、考辨、证实史实的真实性是个过程,是逐渐接近事实的过程。逐渐接近事实真相的过程,是历史研究的一项重要任务。许多重大历史真相的揭示,往往不是一个人的力量,而是需要历史研究者的共同努力,甚至是无数代学人的努力。历史研究者之所以能以毕生精力,以水滴石穿、锲而不舍的精神从事历史研究,当然是以历史事实具有客观性为立足点的,否则,水中捞月、镜中取花的历史研究,哪一个真正的历史学者会去干这种傻事呢?

从唯物主义历史观的角度看,历史书写的科学性是以历史曾经发生的事实为依据的。真实反映历史事实的真相是历史研究求真的目的。历史书写中的所谓史实可以伪造,但历史不能伪造。凡是伪造的材料最后都会被揭穿,因为历史事实是客观的,伪造终究会在历史研究中被证伪。墨写的谎言不可能改变铁的事实。没有假的历史本身,只有假的历史书写。2014 年 7 月 7 日,习近平在纪念全民族抗战爆发七十七周年仪式上的讲话中强调:"历史就是历史,事实就是事实,任何人都不可能改变历史和事实。付出了巨大牺牲的中国人民,将坚定不移捍卫用鲜血和生命写下的历史。任何人想要否认、歪曲甚至美化侵略历史,中国人民和各国人民绝不答应!"

对"什么是历史事实?"的争论,可以是历史哲学的偏好,但自古至今历史研究和写作照样进行。中国是历史学最发达的国家,从《春秋》《国语》《战国策》《史记》《汉书》《资治通鉴》以及各个王朝为前朝所修历史,不计其数。在西方,有希罗多德的《历史》、修昔底德的《伯罗奔尼撒战争史》、色诺芬尼的《希腊史》、吉本的《罗马帝国衰亡史》以及当代英国剑桥16卷本《中国通史》等不少历史著作。尽管在历史编写中会存在关于某条史实材料真实性的争论,会就何种方式选择最可靠的材料展开争论,但我相信没有一个严肃的历史学者是不相信历史有事实而研究和编写历史书的。除了自觉的历史伪造者,根本不相信历史真实性而从事历史写作的学者是没有的。正如知道是假钞而乐于接受和使用假钞一样,不过是个骗子。如果这样,这种人不能称为历史学者,而是怀有政治目的的历史伪造者。在现实中,我们可以发现有这种冒牌的所谓历史学者,包括某些历史虚无主义者。

历史唯物主义强调历史的客观性,但并不认为历史研究可以达到历史的绝对的真实性,而是把追求信史作为历史研究的目的。而且,主张历史客观性,也不是倡导历史实证主义,只强调让事实说话。历史不是客观事实的堆积,能说话的是人,是人用事实说话,而不是事实本身在说话。用事实说话的人,必然会用一定的观点来应用这些事实材料。因此历史与哲学是不可分的。哲学与历史研究分离而陷于纯思辨是以往历史哲学的致命缺陷。历史是产生哲学家和划时代哲学思维的发源地,而哲学是观察历史和正确书写历史的思维核心和灵魂。旧的历史哲学往往离开历史而从外面提供历史研究必须遵守的抽象原则,在《德意志意识形态》中马克思和恩格斯曾经批判过青年黑格尔派的这种历史观。而真正的历史学家是实践的历史学家,即从事历史研究而不是沉迷于抽象历史哲学命题的争论。正是在这个意义上，布洛赫把自己比喻为"手艺人"。学习历史，就像是学细木工，要经过帮工这个阶段，通过实实在在的从事历史研究而不是通过思辨成为历史学家。纯粹思辨可以成为一个立脚不牢的历史哲学家，但决成不了历史学家。

历史学家确实需要从事专门的历史研究，需要占有材料，需要有历史研究的专门技术，但历史学家的水平决不是用熟练还是笨拙的工匠式的水平来区分的。历史学是一门科学，它的确有不同于别的科学的专门的技艺即专门的研究方法，在历史学中具有重大意义的是历史观。历史学不可能排斥历史观。马克思主义的历史唯物主义恢复了历史与哲学的正常关系。马克思和恩格斯是新历史观的创始者，又是最重视历史研究的学者。在《德意志意识形态》的边注中虽然删除了"我们仅仅知道的一门唯一的科学，即历史科学"这段话，但并不意味着他们改变了这种看法。恩格斯在《英国状况——评托马斯·卡莱尔的"过去和现在"》一文中阐述得更清楚："我们根本没有想到要怀疑或轻视'历史的启示'；历史就是我们的一切，我们比任何一个哲学学派，甚至比黑格尔，都更重视历史。"在这里，历史唯物主义实现了历史与哲学的完美结合。

历史唯物主义就是从历史研究中产生的，又是历史研究的理论和方法论原则。只要读读马克思和恩格斯关于历史研究的笔记就知道。马克思和恩格斯自己的一些著名的历史著作，是两者结合的卓越范例。历史学的科学化水平与历史观的性质不可分，历史观决定对历史资料的采信和对历史事实如何解释。历史学家不是手艺人而是科学家，他在处理历史材料时无可回避地要面对一系列根本性的哲学问题。习近平在十九大报告中，要我们重视中国历

《共产党宣言》德文版第一版封面

史、中共党史、中国国史的研究。在研究中,我们一定要坚持历史唯物主义的基本观点和方法,反对历史唯心主义和历史虚无主义。

二、历史顺向运动与历史研究的逆向思维

历史是由过去向当代走来,研究历史是由当代向过去走去。历史之流是顺时针的,是由前向后,由古及今;而历史研究却是逆时针的,是回溯性,由后向前,由现在追溯以往。这就是产生克罗齐的"一切真正的历史都是当代史"著名命题的原因。这个命题影响至深,至今仍是历史学研究追求真实性和科学性时争论不休的"卡夫丁峡谷"。

实际上,克罗齐的论断中包括了两个问题:一个问题是,任何历史学家都在自己的时代从事历史研究和著述,历史学家的观点、视角、兴趣、关注点,都不可能跳出自己的时代,即每个历史学家所处的"当代"。历史研究的兴趣,关注的问题和研究动机都受自己时代的影响。根本与现实需要无关,为历史而历史的研究是毫无意义的。我们只要比较汉代贾谊的《过秦论》和唐代柳宗元的《封建论》与毛泽东的"劝君少骂秦始皇"和"百代都行秦政法"的评价,就可以看到历史的价值评价确实具有时代性。从这个角度来理解克罗齐的论断,无疑对历史研究是有启发的。

历史学家都生活于特定时代和确定的历史条件下,他们无法超越自己的时代和历史条件去研究和认识历史。历史学家对历史事件和人物的判断都具有一定的时代局限。全部人类认识就个人而言,谁能超越自己的时代和历史条件呢? 难道自然科学家能超

越自己的时代和历史条件吗？不能。恩格斯说过，人都是在一定条件下认识事物，条件达到什么程度认识才能达到什么程度。谁能由于自然科学家的时代和历史条件性而否认自然科学的科学性呢？没有。可见，一门学科的科学性问题并不仅在于认识主体的条件性问题，而同时是认识对象的客观性问题，在于主体认识和客观事实符合的程度问题。

另一个问题是，历史判断的当代性能不能变为被研究的历史事实和历史人物的当代性呢？按照历史唯物主义观点，不能。历史认识的当代性涉及的是历史研究的主体及其历史价值观的当代性。历史研究主体的时代性是变化的，他们的历史价值观是不断变化的。因此"当代性"是研究者的一种永恒的话语，任何时代都是自己的"当代"，都是研究者生活其中的"当代"。可历史事实和历史人物是"过去"，他们有自己发生的确定的时代和真实的内容。我们可以改变观察历史的观点，但不能改变历史事实，也不能把古人从古代拉到当代。

对历史的价值判断永远不能取代对历史的事实判断。习近平同志在谈到时历史人物评价时，坚持的就是历史唯物主义观点。他在 2013 年 12 月 26 日纪念毛泽东同志诞辰 120 周年座谈会上的讲话中说："对历史人物的评价，应该放在其所处时代和社会的历史条件下去分析，不能离开对历史条件、历史过程的全面认识和对历史规律的科学把握，不能忽略历史必然性和历史偶然性的关系。不能把历史顺境中的成功简单归功于个人，也不能把历史逆境中的挫折简单归咎于个人。不能用今天的时代条件、发展水平、认识水平去衡量和要求前人，不能苛求前人干出只有后人才能干出的业绩来。"

任何历史书写者都属于特定的历史时代。人的生命有限,对历史事实不可能亲见亲闻,而历史书写的对象或通史,或断代史中的事件或人物,属于另一个过去了的时代,甚至久远。片面强调一切历史都是当代史,必然会把人类的全部历史当代化或当成当代的历史。如果每一代历史学者都是按照书写者自己的时代、观念、思想重构过去,而且是永远不断地重构过去,那"历史真实性"将永远笼罩在不断变化、永远不可信的"当代性"的迷雾之中。以这种历史观指导历史写作,往往会自觉或不自觉地沦为历史的伪造者,尽管自认为是合理地构建过去。有位学者说得好:谁会在乎历史学家的马后炮呢?我们应当提醒那些学者不要沉迷于自己的观点便忘了当时的可行性。克罗齐的论断对追求历史绝对真实性的历史学可以说是猛击一掌,它能够促进历史学家更谦虚地看待自己的历史结论,更加实事求是地进行历史研究。但它的副作用也是不言而喻的。"一切历史都是当代史"论断的绝对化、片面化,必然导致相对主义和历史虚无主义。

如果根据没有任何历史学家能跳出自己时代,回到历史书写的年代,所谓历史事实只能是"当代"作者写入书中的所谓事实,每代历史学家都能通过写作把历史变为"自己的当代史",那就等于宣布历史事实无"彼时""彼地",永远只有"此时""此地"。这样的历史不是历史自身,而是历史研究者心中的历史。坚持"一切历史都是当代史",必然要把历史学从科学研究中驱逐出去,变为当代人的创作,这种历史观最容易助长历史附会、影射史学。历史现实化,现实历史化,这对两者都有百害而无一利。影射史学,是史学科学性的祸害。

"一切历史都是当代史"虽然以反对历史本体论为前提,吊诡的是,它照样是建立在唯心主义历史本体论的基础上的。克罗齐明确宣称,历史进程"生于思想而又回到思想,它通过思想的自知性而成为可知的,它绝不需要求助于外在于自己的任何事物去理解它自己"①,"除非我们从这样一个原则出发,就是认定精神本身就是历史,在它存在的每一瞬间都是历史的创造者,同时也是全部过去历史的结果,我们对历史思想的有效过程是不可能有任何理解的。所以,精神含有它的全部历史,历史和它本身是一致的。"②可见,对克罗齐来说,历史事实并不是真正的历史事实,他在所谓事实上看到的只是思想的光芒。只有思想才是历史研究的起点和终点。如果没有唯心主义历史本体论的支撑,"一切历史都是当代史"的论断,就难以自圆其说。

"一切历史都是当代史",等于人类没有真实历史,没有真实发展过程,永远只有当下。尽管克罗齐关于一切历史都是当代史,或者说所谓批判历史哲学把历史科学的可能性集中于历史认识论问题的研究,对历史科学的发展有促进作用,它有利于推动历史研究者更谦虚地处理历史事实和自己历史判断的关系,深入探求能够更真实揭示历史真实性的方法和途径,但以对历史的主体判断代替历史自身的客观性,带来的是历史科学性的灭顶之灾。

在分析克罗齐的"一切历史都是当代史"时,我们一定要明白,对历史人物和历史事件的评价,有两种不同的评价主体。一个

① 克罗齐:《历史学的理论和实际》,傅任敢译,商务印书馆 2010 年版,第 76 页。
② 同上书,第 13 页。

是历史学家,另一个是人民。历史学家是学者的评价,是学术的评价;而人民的评价是百姓的评价,是人心的评价。它们可能一致,也可能截然相反。就当代来说,我们可以发现对太平天国、对义和团、对鸦片战争、对新中国成立前后的新旧社会、对中国革命、对毛泽东等截然相反的评价。我们重视学者有真实学术见解的评价,但不能把一些学者的具有偏见的评价以学术之名凌驾于人民的评价之上,甚至否定人民的评价。历史是人民创造的,最终具有评价决定权的是人民。人民的评价代表人心向背,代表历史发展方向。我可以断言,历史学家对开元之治、贞观之治、康乾盛世的评价,总不如当时人民的切身感受来得真实和亲切。因此研究历史,不仅要看正史,还要看野史,看时人笔记,看当时关于人民的生活的真实记载。在当前,有少数所谓学者违背党的十一届六中全会《关于建国以来党的若干历史问题的决议》,对毛泽东进行无耻中伤和造谣诬蔑,他们和党的决议、和全国老百姓对毛泽东的评价相对立。一个有学术良知的历史学家在评价历史人物和重大历史事件时,一定要坚持以人民为中心,站在人民的立场。以人民为中心和实事求是一致的,相反往往会歪曲事实,只有以人民为中心,才能接近历史的真实。任何在重写历史的名义下,在追求历史真实性名义下,与人民相反的评价,以历史的启蒙者自居,众人皆醉我独醒,实际上只是旧时代的回音。以克罗齐的"一切历史都是当代史"的观点为据,帮不了忙。

本来,历史回溯性思维应该更有利于我们认识历史,因为我们可以站在更高的水平上研究历史。马克思说过:"对人类生活形式的思索,从而对它的科学分析,总是采取同实际发展相反的道路。这种思索是从事后开始的,就是说,是从发展过程的完成的结果开始的。"回溯性思维或说向后思维,对历史研究来说不仅是一种必需的不可少的思维方式,不是它的缺点,而是它的优点。这正像人体解剖对于猴体解剖是一把钥匙一样。不仅马克思这样看,一个真正对历史理论有研究的学者也会这样主张。布洛赫也发表过类似的看法。他说:"如果认为,史学家考察历史的顺序必须与事件发生的先后完全吻合,那真是个极大的错误。虽然,他们事后会按历史发展的真实发展实际方向叙述历史,但在一开始,却往往如麦特兰所言是'倒溯历史'的,这样更为便利。任何研究工作,其自然步骤往往是由已知推向未知的。"只是由于唯心主义采取的怀疑历史客观性的观点作怪,把"回溯性"视为历史可信的障碍。历史唯物主义立足于历史的唯物主义和辩证法,认为正确的历史分析并不会因为历史是从后思维而不可信。离开历史发生的场景,事物的真相和历史人物的历史作用随着时间的发展表现得更充分,材料可以更多,真相更清楚,后人可以站在历史发展的结果上,摆脱事变发生时的种种利害关系,观察更客观,站得更高,分析更为透彻。研究方法和叙述方法不同。无论是研究经济学还是历史学都一样。研究往往是从最发展的形态开始,即从后开始,而叙述则按照历史顺序。因为"对现实一无所知的人,要了解历史也必定是徒劳无功的"。

三、历史事实与历史文本

客观历史必须通过历史的书写,即成为历史书才能为人知道,成为知道了的历史,否则,无人知道。但历史不是文本,而文本是对历史的书写。可以断言,人类知道的历史与客观历史相比,不说是沧海一粟,也可以说是百不及一。历史是人类无尽的宝藏,而历史书仅是历史的一角。历史文本是无法与真实的历史相比的。正因为历史只有作为文本才能为人理解和接受,因此有些学者坚称不存在历史的客观性,不存在历史规律,存在的只是文本。后现代主义已经完全摒弃了历史本身,否定历史的宏大叙事,否定历史的本质、历史的规律,只重视历史的细节,重视历史的书写。历史只是文本,语言才是历史的本质。

如果历史没有规律,没有本质,不需要宏大叙事,就是从根本上否定马克思主义的历史唯物主义。历史唯物主义最大的功劳就是走向历史深处,发现历史的规律。可以说,马克思主义的辩证唯物主义和历史唯物主义的创立就是对人类自然、社会和思维规律的发现,而马克思主义的经济学则是对经济规律的发现,《资本论》之所以不朽,就是因为它揭示了资本主义社会的经济规律,而唯物主义历史观和剩余价值规律的发现则是社会主义从空想到科学的理论支柱。没有规律,就没有马克思主义,没有社会科学,也没有历史科学。

历史研究当然要研究细节,历史事实就包括历史细节,无论是重大历史事件或杰出历史人物的生平,都包含一系列细节。没有历史细节,就没有历史学。但细节有重要的关键细节,也有不重要的细节。事无巨细,一览无余地纠缠于细节,就不可能有科学的历史学。历史学要研究重大细节,但不能停留在历史细节,停留在细节上往往是停留在历史的表层,不能走向历史的深处,发现历史的

Das Kapital.

Kritik der politischen Oekonomie.

Von

Karl Marx.

Erster Band.

Buch I: Der Produktionsprocess des Kapitals.

Dritte vermehrte Auflage.

Das Recht der Uebersetzung wird vorbehalten.

Hamburg

Verlag von Otto Meissner.

1883.

《资本论》第一卷

规律。习近平总书记在十九大报告中,强调要研究人类历史发展规律、社会主义发展规律、中国共产党执政的规律。不研究规律而沉迷于细节,就是只见树木,不见森林,因此历史必须有叙事,甚至宏大叙事,有对历史事实中存在的本质和规律的揭示,否则,历史学只是细节,只是碎片化,历史学已不再是历史科学,而最多是文学创作,而单纯地以文学创作对待历史,最容易堕入历史的戏说。

历史文本化、文学化、语言化是后现代主义历史哲学的一大特点。后现代主义史学思潮的代表性人物海登·怀特的话就很典型。他说:"在历史研究领域,叙事大多既不被看做是一种理论的产物,也不被看做是一种方法的基础,而被看做是一种话语形式。这一话语形式可不可以用来再现历史事件,要看其主要目的是描述一种情景,分析一个历史过程,还是讲述一个故事。"[1]在他看来,任何历史事实都不可能超越表达这些历史事实的语言。这就是蓄意把历史事实和历史事实的语言表达混同。基于这个前提,在他看来,历史学在写历史,与其说是追求真理,不如说是追求语言的修辞成果。历史语言与文学语言一样,都是书写表达某种愿望的虚构故事,是人们想象的产物。至于,安克施密特强调:"一部历史作品的史学价值不在于它所揭示的事实,而在于对事实的叙述阐释",因为"不存在使我们把过去'投射'到其历史编纂再现的叙述层面上的翻译规则;所以'历史叙述'不是过去的'图画'或'肖像'"[2]。按照这种观点,历史著作重要的不是事实,而在于文本的叙述。

---

① 转引自韩震:《历史观念大学读本》,中国人民大学出版社 2008 年版,第 588 页。
② 同上书,第 591 页。

总之,无论是思辨历史哲学还是批判历史哲学,拟或后现代主义史学的语言学转向,都不是救治历史学科科学性缺失的良医。我们承认,它们提出的观点或难题可以促进我们思考,对促进历史学的科学化可以起推动作用。历史学家应该重视它们提出的问题,但不能不加分析地奉为圭臬,任凭这种观点作为我们历史研究的指导。事实上,没有一个严肃的世界史学家会按照世界历史是绝对观念从东方到西方最后在德国最终实现来编写世界史;也没有一个严肃的历史学家研究罗马史,研究中国古代史,会认为可以不尊重罗马和中国古代已经证实的历史事实,片面地强调它是当代人按当代人的观点重写的"当代史",一些人吵吵不休的历史的重写,往往是按照自己信奉的历史价值观对真实历史的重构。真正的历史学家,也不会把历史著作视为与历史事实无关的个人叙述。如果历史书可以不管事实,只管如何叙述,从历史书中根本弄不清我们从何处来,人类经历了什么,看到的只是一堆高深莫测的名为历史文本的胡说,这是历史学的死亡。

在中国传统文化中,历史学最为丰富,史学理论也最为丰富,包含许多精髓。中国历史最长,历史著作在世界史学著作中最为丰富。中国不仅有史学传统,也具有丰富和富有智慧的历史理论。与西方历史哲学不同的是,中国不是从抽象的思辨哲学的本体论、认识论和语言学转向来规定历史写作,来论述历史的,而是与实际的历史写作结合在一起的。历史理论就寓于历史学的实践之中。中国古人治史"未尝离事而言理"。中国历史学不是抽象争论"什么是历史事实?"或"历史是否可知?"之类的纯哲学问题。中国历史理论讨论的问题都是实际历史变迁、王朝更替、治乱兴亡中存在的具有普遍规律性的问题。究天人之际、通古今之变对中国古代历史著述具有总纲性质。当然随着时代发展,对天人之际中的"天"有不同的解释,天道与人道、事与理、天听与民听相结合,越来越清洗掉中国古代历史理论中的天命论色彩。

中国传统历史理论中也存在缺陷,过分重视道德作用,尤其是关注王朝的治乱盛衰,存亡继绝。尽管《史记》中有《平准书·序》与《货殖列传》和关于陈涉起义与战国游侠的记载,但从总体上说,历史书大都是偏政治、轻经济,偏帝王将相、轻庶民百姓。这个缺点并非中国独有,可以说中外历史书都是如此,这是历史条件决定的。我们最看重的还是中国历史理论中包含的尊重事实、秉笔直书的传统,强调史德、史才、史识的传统,强调历史变易,时变则事变、变革不法古的社会进步论思想,重视水可载舟、水可覆舟,富民、教民,强调"民为贵,君为轻,社稷次之"的民本思想历史观,视天下为一家的宽阔历史眼界,等等。中国的史学理论是中国传统优秀文化中的一笔宝贵的财富。

中国近代经历过从传统史学到当代史学的新史学革命,也经历了从新史学到马克思主义史学的根本性变革。史学革命从根本上说是历史观的变化,初期是以历史进化论取代传统历史理论,随后西方的实证主义、实用主义、新康德主义、新黑格尔主义等也开始影响史学理论。但是真正使中国史学发生根本性变化的是十月革命以后,马克思主义历史唯物主义的传入和运用,马克思主义史学开始取得重大成就。历史唯物主义重视历史客观性和历史规律,为历史学科科学化奠定了理论和方法论基础。正如对待中国传统文化一样,如何运用马克思主义的观点,从传统历史理论中取其精华、去其糟粕,也是我们面临的重要任务。中国的历史理论应该有中国特色,这就是坚持马克思主义的历史唯物主义,继承中国传统文化的优良传统,有分析有批判地对待西方的历史理论。应该把马克思主义的历史理论的中国化和当代化,作为马克思主义中国化、当代化的重要组成部分。

第七章　文化自信与中国文化发展

历史并非意味过去,它影响现实,昭示未来。回顾中华民族近代以来的历史,可以清楚地看到,中华民族是中华文化的主体,要形成和维护统一的中华文化,就必须有一个统一的国家。当一个国家发生分裂,它的文化发展往往会中断。要从马克思主义哲学角度来研究它的本质,把握中华文化发展规律。这种研究要有历史视野,近代历史表明,中国人没有失掉民族文化自信力:中华民族的文化自信孕育和培养了我们党的文化自信,我们党将马克思主义文化观与中华民族的文化自信融合起来,实现了中华传统文化的创造性转化和创新性发展。所以说,文化自信与国家强大和民族独立密不可分,这里体现了经济基础和上层建筑的关系。我反对在纯粹文化范围内争论中国文化出路和自信问题,从中国近代以来社会发展实际看,没有中国社会的变革,没有民族独立和经济繁荣,我们的文化发展远不会是现在这个样子。

一、文化自信的历史传承与哲学内涵

我们有五千年历史和没有中断的文明,有保存得比较好的中华文化经典。如果不懂中国历史,尤其是不懂近百年中国的奋斗史,就不可能懂得中国革命、建设和改革的历史,就难以理解文化自信的丰富内涵。这大概就是你所说的长线逻辑和短线逻辑。人们常说,儒家文化圈有很强的辐射力,这表明中华文化具有深厚的历史价值;马克思主义改变了中国文化结构,增加了新文化因素,正是中国革命的胜利使中国传统文化得以重新复兴。文化复兴依赖于民族复兴,当中国处于半殖民地半封建社会,我们的文化就被西方列强践踏和蔑视;当我们在建设和改革的进程中取得重大成就,我们的文化就会勃兴。当然,我们也要有世界眼光,毛泽东早就指出:"各资本主义国家启蒙时代的文化,凡属我们今天用得着的东西,都应该吸收。"今天,中华文化早已不是纯粹传统的古代文化,而是在文化交流中不断现代化。

各民族的文化都有其主体性,都与所在社会的经济发展水平相关,也都会对经济社会发展发生反作用。中华人民共和国成立以来,我们自主选择了发展道路和社会制度,发展了中国化马克思主义理论,也将实现现代转化与创新的中华文化发扬光大。当然,其间也有过挫折,也付出了文化建设失误的代价。历史表明,只有坚持民族文化精神,才能进一步促进中国经济社会发展,才能实现中华民族伟大复兴。正是在中国发展过程中,我们认识到西方"普世价值"论的谬误,认识到西方制度和道路不是社会发展的唯一模式,也对中华民族文化发展史与中国化马克思主义文化理论与实践有了更明确的认识。

任何民族的文化都是一个有机整体,是一个活的有机体,总要继承传统、推陈出新,随着社会发展而变化。一个有深厚底蕴的文化不能中断传统,不能失传和断流,更不能无迹可寻。人们在创造文化的时候总是从已有的思想资源中寻找与新的时代条件相适应的文化形态,如果不能适应时代发展的要求,文化传统就会断流。当然,任何文化都不应抱残守缺,就像你说的,文化传统是不断发展的,在发展中既要保持文化的精神基因,也要丰富其时代内涵。强调文化传统的价值,不是为了给被历史淘汰的旧文化招魂;强调文化传统的时代更新,不是为了抹去以往的文化记忆,必须反对文化虚无主义和保守主义。

"打倒孔家店"是一个具有象征性的口号,它本质是反对旧传统、旧道德,而不是反对中国传统文化。陈独秀、鲁迅那一代学人没有否定传统文化,他们讲的是旧道德"杀人",寡妇不能再嫁之类。中国优秀传统文化和中国人民在革命斗争中以鲜血和生命创造的革命文化之间存在继承和革新的关系。孟子说:"富贵不能淫,贫贱不能移,威武不能屈",这在革命先烈舍生取义的气节上得到了生动体现。五四运动以来的文化建设有过失误，但成就是主要的，我不同意将摧毁传统文化的污名归咎于五四运动以来的中国文化选择，这个观点的本质是文化保守主义。对待传统文化的极左思潮和试图复活旧道德旧礼教的想法都是要不得的。在这方面，既要反对无原则的复古思潮，也要反对"全盘西化"。既不能数典忘祖，也要不忘初心，否则就无法实现中华优秀传统文化与中国革命精神相结合。

当然，还有一个"取其精华，去其糟粕"的问题。"取其精华，去其糟粕"实际上是一种文化评价，在不同时代会有不同的评价标准。到我们这个时代，不能说留下来的都是精华，文化糟粕已经被历史自然淘汰完了，实际上我们仍然会面对一个区分传统文化中的精华与糟粕的问题。传统文化有机体是复杂的，文化精华与文化糟粕在一起，不像一个筐里的苹果，好坏一眼就可以看出。区分文化精华与糟粕，是一项需要严肃认真深入的学术研究。

传统文化有机体的构成是可变的，否则就不是有机整体。道德观念和风俗习惯也是变化的，没有不变的道德观念和风俗习惯。但变中又有不变，这就是贯穿文化传统中的基本价值和民族精神。传统文化是以文化传统的方式来传承的，要使优秀传统文化中永远成为一个民族的文化传统，必须在实践中被激活。片面强调保持原汁原味就会使传统文化硬化为文化化石。我们要在进一步实现马克思主义与中国传统文化相结合中，既推进马克思主义中国化，又实现中国传统文化的创造性转化和创新性发展。

文化自信主要指的是中国共产党人的文化自信，相信我们党是中国传统文化的真正继承者和发展者，完全有信心带领人民实

马克思、恩格斯和马克思的三个女儿燕妮、劳拉和爱琳娜（1864年5月）

现中华民族伟大复兴。文化自信是一个时代性课题，与中国道路、理论和制度连在一起。西亚、北非地区例如现在的伊拉克、叙利亚、伊朗、埃及等国家在历史上都曾有过璀璨的文化，由于种种原因古代文化发展断流了。中国传统文化没有断流，因为中国始终是中国，是一个没有发生过长期分裂的国家。国家统一是中国历史的主流。中国传统文化与革命文化和社会主义先进文化具有连续性。文化自信本质上是对民族自强不息的精神和与时俱进的思想创造力的自信。文化自信不是盲目的，而与文化自觉一致，自觉意识到中国文化的历史传统、文化积淀、基本精神和突出优势。当然,我们也对传统文化的精华和糟粕有清醒的认识。提倡文化自信与文化民粹主义是完全不同的两回事,我们以开放的态度对待世界优秀文化,主张和而不同,主张文化交流,反对文化霸权主义和文化民粹主义。

培育和践行社会主义核心价值观,可以被看作是传统文化创新和转化的范例。让更多的人理解和认同社会主义核心价值观,需要运用中国优秀传统文化来阐释,但我们不是以与中国传统文化范畴简单对照的方式来确认社会主义核心价值观的。社会主义核心价值观分为国家、社会、个人三个层次,这与传统文化和道德观念的基本精神和家国一体的原则一致,但我们是立足于社会主义制度的本质和实践来倡导和践行的。马克思主义哲学当然具有价值观,信仰马克思主义就包括一种价值观自信。我们既不会割断自己的精神血脉,也不会忘记时代发展的要求,而要认真面对社会主义市场经济中的一些实际问题,切实实现国家治理体系和治理能力现代化,进一步促进社会主义文化现代化,把它转化为现代文明。

我们的民族是有自信力的,我总是想起鲁迅的话:"我们自古以来,就有埋头苦干的人,有拼命硬干的人,有为民请命的人,有舍身求法的人……这就是中国的脊梁。"民国时期出现过一些著名学者,但当时中国国势屡弱,文盲众多,在国际上最没有发言权。现在的情况完全不同。我们国家从"站起来""富起来"到现在逐渐"强起来"了。我们的文化自信力得到空前强化。我们要加强文化建设,建设文化强国。文化建设是一个系统工程,其中就包括促进人的素质现代化,这就要加强文化教育和科学研究。要培养人,发挥人才的作用。在文化建设中知识分子负有重大使命,但知识分子和文化人只有与人民同呼吸共命运,才能得到人民的认可,才能创造出无愧于时代、无愧于民族的精品力作。

文化自信是建立在对中国文化载体中内在蕴藏的中国精神、中国智慧和中国理念的总体性理解的基础上的。它来自对源远流长的中华文化传统和内在于传统的伟大精神、智慧与理念具有悠久价值的体认和继承。当中华优秀传统文化与马克思主义相结合,就形成了促进中国社会发展的崭新的文化形态。我向来反对关于马克思主义不强调精神境界、不强调主观能动性的看法。马克思在青年时代就说过,精神是一种武器,是一种批判的武器。他强调思想的能量如闪电雷鸣,这种能量一旦沁入人的心灵,就会发挥无比巨大的威力,就会像高卢的雄鸡高鸣。马克思主义哲学强调主观能动性,但同时强调客观规律,因为不遵循客观规律的主观能动性是盲目的。这有助于我们深刻理解文化的功能和历史作用,有助于确认文化的现实价值,使之推动社会发展抵达新的高度。

一个民族的历史是具有连续性的总体结构,如果它的历史断裂,也就是这个民族的消失或分裂。历史就其客观性而言,是曾经的存在,是尝然,留下来的是历史的陈迹,包括地下的、地上的,包括文献和资料。曾经的历史创造者,连同历史本身都成为过去,所谓"大江东去,浪淘尽,千古风流人物"。杰出人物可能还有历史记载,可直接创造历史的普通人,包括种地的农民、劳动的工人,以及各行各业的普通劳动者,都是无名无姓的"小人物",可就是这些无名无姓的"小人物"参与历史的创造。如果历史只有"大人物"，没有"小人物"，社会能存在吗？人类有历史吗？这是个明显的道理，但多少世纪以来这个道理被歪曲了。马克思主义关于人民群众与个人在历史上的作用第一次把这个道理讲清楚了。

其实，历史不仅是过去，历史和现实之间不是对立的，一个民族的历史以传统和影响，以历史基因存在于现实之中。现实不是天上掉下来的，没有历史的所谓"现实"是不存在。在文化观上我们也应该坚持这个历史唯物主义观点。伟大思想家在文化创造中的作用当然是巨大的，但普通人在文化上的创造作用是最容易被抹杀的。站在文化前台的都是文化人，而支撑整个社会存在包括文化活动的普通人是在历史后台的，劳动和生活是思想和文化的源泉，是深层的，不易被发现的。在我们的文化观中，国家、民族、人民这三个因素要被特别重视。民族是文化的主体，国家是文化的屏障，人民，与人民共命运的包括伟大的思想家，是文化的创造者。如果国家灭亡了，民族分裂了，这个民族的文化就消失了、碎片化了。只有国家统一、民族团结，教育普及，我们国家的文化才能持续繁荣兴盛。

恩格斯说，社会的需要，比办10所大学更能把科学推向前进。文化自信不是孤芳自赏，实际上体现了对道路自信、理论自信和制度自信的文化支撑力自信的表达。中国特色社会主义道路、理论和制度的成就，中华民族从站起来、富起来到强起来的历史性飞跃，更加增强了文化自信的底气。处于半殖民地半封建社会的中华文化，与成为世界第二大经济实体、和平发展中的社会主义国家的文化相比，哪个更具有文化自信的底气呢？经济落后不断挨打，处于世界边缘的中华文化，与日益走向世界舞台中央的中华文相比,哪个更具有文化自信的底气呢？这是不言而喻的。随着中国经济社会持续发展,文化自信的底气会不断提升。

相比于民国时文盲遍地、教育落后的情形而言,中华人民共和国成立以来,中国文化更好地实现了繁荣发展。尽管其间也有过挫折,但我们的民族在反思中实现了文化重建,绽放了文化的时代光芒。今天,中国带着中国特色社会主义建设的伟大成就,带着构建人类命运共同体的主张,带着解决世界面临的问题的中国方案,自信地走向世界舞台的中央。这种自信,既是对我国历史上博大精深、为人类文明创造出不可磨灭贡献的文化的敬意,也是对创造中华民族文化的我们祖先的礼敬,包含对永不屈服、前仆后继的革命先烈的崇敬,对社会主义建设时期无数先进人物及其文化成果的敬意。今天,中国特色社会主义道路、理论和制度不断完善,中国特色社会主义文化在不断发展,我坚信新时代中国文化将在世界舞台的中央绽放异彩,更好地促进中国经济社会发展。

二、新时代中国文化发展的哲学沉思

关于文化结构,方克立先生讲的"马魂、中体、西用"是一个横的说法,而我讲的中国传统文化、革命文化和社会主义先进文化是一个纵的说法。革命文化与社会主义先进文化都体现了中外文化融合,马克思主义是其中的灵魂。只在血缘关系和小农经济基础上谈中国传统文化的现代价值,既不可行,也不现实。今天建构新文化,既要发扬传统文化的现代价值,也要医治西方现代化之病。这都有一个马克思主义与具体实际相结合的问题。我总是觉得,有些西方马克思主义哲学家只是沉溺于书本,将马克思主义与书斋相结合,这很难医治西方现代病。有些学者想当然地以中国传统文化医治西方现代病,我看恐怕也是行不通的。西方资本主义社会的弊病根源于它的制度,而不是单纯因为道德或价值观的某种弊端。这是个社会制度的改造和重建的问题,是要在现实中解决的问题,而不是通过输入另一个国家的文化就能解决的问题。

我们要继承传统文化的精华,但关键是创造性转化。譬如民本主义,的确包含治国理政的重要思想。但必须看到,这是中国传统文化的精华,是思想家们的理想,而非封建社会的政治现实。墨子说:"爱民若爱牛。"古代帝王所谓"民本",所谓"载舟"与"覆舟"之说,都是在突出"用"民的意义上说的。真正能实行"民为贵,君为轻,社稷次之"的封建帝王似乎没有过。马克思主义传入中国,我们党在领导人民进行革命、建设和改革的进程中,始终强调"从群众中来,到群众中去"。我们是来自于人民的,对人民有深厚的感情,与人民不只是舟和水的关系,更是血肉关系。我们传承民本思想的精华,但要创造性转化。

文化自信以爱国主义为前提,也要反思传统文化中的若干问题。我们反对文化虚无主义,反对向自己的民族文化吐口水,但也不能回避传统中的糟粕,更不能在现代社会复活这些糟粕。我们要反对以尊重传统文化为名义复活旧的风俗,尤其是婚礼、葬礼,以及在人际交往中一些坏风坏俗,应该提倡新风新俗。在传统文化中,风俗习惯最容易保守而且最为顽强。道德非常重要。我们要提倡道德自觉、自律。但是道德不是一种口号,而是要重践行,要做有道德的人,而不做一个只说道德的人。我们要防止由于提倡道德,尤其是泛道德化,进行"道德绑架",这样容易制造伪君子、两面人。在现代社会,规则的重要不容小视,按规则办事比只讲道德更有效。弘扬中华美德当然必要,但更重要的是将道德建设与法治建设和社会建设结合起来。要讲道德、重法治、立规矩。善是不断进步的,恶也在现代社会升级,做"地沟油"、三聚氰胺奶,就是古人想不到的。处理现代社会的道德失范问题,得有现代化措施,形成良好的道德风尚和社会氛围,这样才能更好地改变人的道德素养。

道德问题,不能归结人的本性问题。相信人人皆可为尧舜当然好,但这只是一种学说,不是事实。人性问题是争论不休的,但我一直认为,不能一说"人性"就认为是好的,而且把人性作为衡量文学的最高标准。其实,人性有光辉的一面,也会有丑恶的一面。而无论是光辉的还是丑恶的,都有其社会原因,如果对人性的描述只停留在人自身而不涉及产生它背后的社会原因,就什么也说不清。人就是人,既要看到人的自然本性,更要理解人的社会本性。如果只是在人与文化之间打转转,说文化是人的产物,人是文化是产物,把人与文化结合的重要纽带即社会置于视野之外,那能说清楚什么呢?

不同文化在现代社会的对话与交融是很常见的,因为历史逐渐走向世界历史。有人担心我们穿西装、吃西餐,坐飞机、乘高铁,用微博和微信,生活中有很多进口的东西,就被"胡化"了,这种担忧大可不必。其实,各民族的文明从来都是相互影响的。在日本、韩国和越南,也有汉化、唐化的现象。我们可能用进口食品和日用品,在西方社会也到处可见"中国制造"甚至是"中国创造"。不能把文明的传播、相互引进借鉴和全盘西化混为一谈。全盘西化的本义指的也不是文化交流与借鉴,而是指抛弃自己的民族文化传统和历史传统,抛弃自己的制度优势和政治优势,企图仿效西方的政治制度。改革开放让中国参与世界性交往,但中国仍然是中国,中国文化仍然是中国文化。中国有自己的发展道路。我们的道路,是中国共产党人以马克思主义为指导,根据我们的历史和文化合力所做的最佳选择。今天,我们还要接受更多外来的优秀的文化产品,中国文化产品也要更多更好地走向世界。

毛泽东在与音乐工作者的谈话中用织帽子来比喻,说学外国织帽子的方法,要织中国的帽子。外国有用的东西都要学,用来改进和发扬中国的东西,创造中国独特的新东西。还说,应该越搞越中国化,而不是越搞越洋化,要洋为中用。只有深刻认识自己民族的文化,了解其他民族的文化,才能更好地实现文化对话,避免文化冲突。这里也有一个从社会历史的角度理解文化的问题。当代世界的矛盾和战争似乎体现为文化冲突,其实往往都不是单纯的文化冲突问题,而根源于霸权和利益的对抗。历史证明,不同文明的国家会发生战争,相同文明的国家也可能发生战争;相似文明的国家可以结盟,不同文明的国家也可以结盟。两次世界大战是这样,美苏争霸是这样,当今很多国际冲突也是这样。

文化自信也要不忘初心,不忘自己的本来,坚定推动社会发展的精神信念。我有时想起秋瑾的咏梅诗:"冰姿不怕雪霜侵,羞傍琼楼傍古岑。标格原因独立好,肯教富贵负初心?"有很多感慨,秋瑾这一代为革命而牺牲的豪杰的初心是推翻腐败的清政府,追求国家的自由和独立。铁人王进喜这一代人的初心是让中国走出一穷二白的状况,追求国家的强大和自主。改革开放以来涌现了很多英模,他们希望在奋斗中使中国赶上时代,追求国家的繁荣和富强。他们的初心体现了对国家和民族的深厚感情。我们今天建设文化强国,就要不忘初心,牢记使命,传承一代代中国有识之士的精神火炬。要充分认识到,没有文化复兴,就不能全面实现现代化,中华民族的复兴就会因缺乏精神和文化的支撑而后劲乏力。

在一个国际交往频繁,各种文化碰撞和相互交融,思想多样、利益多样的当代中国,哲学社会科学各学科的构建,社会主义文学艺术的繁荣发展,用社会主义核心价值观培育人民尤其是青年一代,都需要长期坚持不懈。这个任务在一定意义上比其他建设更困难,因为它涉及的是人,人的理想和信仰会遇到各种不同的价值观壁垒和障碍。思想是最微妙最难深入的领域,对有些人在一定意义上可以说是个黑洞。文化是一个任何压力和强迫都无效的领域,必须引领人们形成文化自觉,充分调动广大知识分子与文化工作者的积极性和爱国主义热情,使文化建设成为广大知识分子和文化工作者的一项自觉的任务。中国特色社会主义新时代应该创造更好的条件,培养更多的文化名人,创造出更多的名篇巨著。只有群星灿烂、高峰迭起、蔚为壮观,才是一个拥有丰富文化遗产的中国应该有的文化强国的样子。这很不容易,我觉得其难度堪比建设一座精神的万里长城。

文化自信从世界观、人生观和价值观角度说,核心是哲学自信。文化自信具有政治现实性,有其深刻的社会成因,反映了近现代中国历史发展过程和当代现实舆论场。中华人民共和国成立以来,我们踏上社会主义现代化征程,以自己的方式跨越资本主义的

"卡夫丁狭谷",走出了一条不同于西方资本主义的道路。我们学习西方先进的科学技术和优秀文化,但走自己的路。我们不是"买履"的"郑人",不奉西方文化为圭臬,不把别人鞋子的尺码作为衡量自己鞋子是否合脚的标准。离开中国近代百年耻辱史,脱离关于中国道路选择、中国特色社会主义理论和制度构建的论断,不可能理解文化自信问题,也不可能理解这个现实的政治问题如何被理论所把握,并给予令人信服的哲学阐释,进而使之从文化心理和情感上得到最广泛的认同。

文化自信必须建立在哲学反思的基础上,对文化自信的理解也要有历史思维。我们在历史上有过文化自信,也有过近代的文化自卑,晚清政府与西方列强签订的一系列不平等条约像无数条捆住中国手脚的绳索、套在头上的枷锁和插在身上的吸血管,面临"亡国灭种,瓜分豆剖"的危险,哪里谈得上文化自信。马克思在《中国革命和欧洲革命》中说过:"历史的发展好像是首先要麻醉这个国家的人民,然后才可能把他们从原来的麻醉状态下唤醒似的。"中国革命唤醒了中国人民,中国社会主义现代化建设和改革开放激发了中国人民的昂扬斗志,实现了文化自信的重建。这大概也是一种螺旋式上升,不是文化复归,而是文化发展,要走出一条符合社会主义现代化的中国文化发展之路。

关于现代化的探索,西方国家大致在文艺复兴之后就起步了。随着现代自然科学技术的发展,可以说现代社会理论和启蒙思想家群起,出现了卢梭、孟德斯鸠、伏尔泰、斯密、李嘉图、康德、黑格尔这些了不起的学者。相比而言,中国的现代化探索起步就比较晚了,在辛亥革命之前是漫长的封建社会,中国文化和思想基本上都是以血缘关系为基础、以宗法制度为纽带,那时西学进入中国,至多也就是"用",其实往往也用不好。大概与我的学习经历和兴趣有关,我喜欢从历史角度看问题。如果中国文化就是一种残存的古代文明,那么我觉得鲁迅说得极好:"所谓中国的文明者,其实不过是安排给阔人享用的人肉的筵席。所谓中国者,其实不过是安排这人肉筵席的厨房。

马克思(1875 年)

不知道而赞颂者是可恕的,否则,此辈当得永远的诅咒。"虽然这句话说得很激愤,但道理是没错的。没有国家强盛和民族团结,一个国家和民族的文化就没了主场,文化自信就会沦为空谈。

在经济全球化浪潮中,我们正在创造世界历史。我经常讲,当代中国社会,不是古代中国社会;当代中国文化,也不是中国古代文化。文化自信不可能是单纯对不经过创新性发展与创造性转化的所谓原汁原味的对中国古代文化的自信。为此,要进一步实现马克思主义与中国传统文化的融合,进一步实现中国传统文化的创造性转化,在解决现代社会发展问题的过程中,创造我们时代的新文化。也要向西方学习,学习西方先进的科学技术和优秀文化,广纳世界各国之长。不能闭门自信，而要实现文化交流和对话。今天我们面临的文化矛盾十分复杂，要切实把握主要矛盾，把握实现中国梦的文化主线和内在逻辑。

文化是国家和民族认同的精神黏合剂，没有文化认同，就不可能有真正的国家和民族认同，就不可能树立爱国主义精神。在民族遭遇危机时，文化自信是一个民族浴火重生的精神支撑。文化是软实力，软实力并不软，它是一个国家综合国力的重要组成部分。在文化上没有话语权，就不可能自立于世界民族之林。一个民族没有文化发展和传承，必然走向没落。一个文化认同感很强的民族，往往能抵御外来侵略，保持民族和国家团结，不容易被外来势力所分裂。中华民族长期维持团结统一，靠的就是由文化认同产生的伟大的民族精神。这大概就是中国梦的文化主线，突出反映了马克思主义哲学中国化的文化逻辑。

从马克思主义哲学角度看待文化发展，就要将文化建设置于经济建设、政治建设、社会建设和生态文明建设的统一体中来考虑。文化研究要有问题意识，要切实面对社会现实问题，为解决现实问题提出有效的文化思路。为此，要把握中国文化发展的客观现实，而不是单纯就文化谈文化自信。既要充分重视文化的功能与作用，也不能将文化泛化，陷入文化决定论的误区。要充分认识到，以马克思主义为指导，建立中国特色社会主义制度，不断推进改革开放走向深入，是坚定文化自信和推动文化进一步繁荣兴盛的基础。要从哲学角度总结我们在革命、建设和改革进程中的文化探索，归纳文化发展的经验与规律，使文化发展促进中华民族伟大复兴，这是几代中国人共同的文化使命。

第八章　筑牢文化自信的理论和现实基础

　　在当代中国,文化自信既不是源自文化哲学的理性思辨,更不是文化民粹主义的非理性狂躁。它与道路自信、理论自信、制度自信共同构成中国特色社会主义的"四个自信"。其中,文化自信具有更基本深沉持久的精神支柱作用,但它同样离不开其他三个"自信"。改革开放已走过千山万水,仍需跋山涉水。随着世界百年未有之大变局的到来和国内改革开放的不断深化,中国特色社会主义事业不会风平浪静。道路之争、制度之争、理论之争,会如大海之波涛,时高时低,它会影响对"文化"的"自信"。故此,我们不能局限在文化领域阐述文化,而应该从历史的认知和中国特色社会主义的道路、理论、制度的伟大成就基础上阐述文化自信的历史渊源和现实根据。

一、国家统一强大是文化传承连续性的根本保障

　　水是生命之源,其实也是文明之源。世界上四大文明古国都发祥于河流:两河流域的巴比伦文明、尼罗河流域的古埃及文明、印度河流域的古印度文明、黄河长江流域的中华文明。文明的产生与河流有关。河流可以不变,文明的发展却可以中断。并非所有古代文明的发展都是连续不断的过程。法国学者费尔南·布罗代尔曾引用另一作者的话说,"如果社会发生动荡和变革,建立在社会之上的文明也会发生动荡和变革"。除中华文明外的世界其他三大古文明都发生过文明连续性的中断。当统一国家发生分裂或遭遇强烈动荡时,历史的连续性会中断,文化同样会因国家分裂而碎片化,演化为不同国家的文化,对自己古代的文化只有历史学的回忆,而无现实的延续性。

　　在古代文明中只有中华民族的文化没有中断。它与地缘政治问题相关,但具有决定意义的是国家自身的统一和强大。古代中国,周围没有比中国更强大的敌国,因而没有因敌国入侵所引发的亡国和分裂。中国先秦时的中原侯国都是姬姓兄弟叔侄关系;后来在中原政权周围和边陲存在不同民族政权关系,它们不是现代意义的国与国的关系,而是不同的民族政权的关系。它们都处在

后来逐步形成的中国的疆土范围之内,因而具有历史的双重性:从政治上说,它是不同民族政权的关系,但从民族角度说,它们是正在形成中的中华民族这个大家族中的不同民族。

中国历史上曾经有过少数民族入主中原建立王朝,但不是外国入侵,而是不同民族在不同时期处于统治地位的更替。中国仍然是中国,尽管存在着王朝的变化,但王朝变化是统治者的更换,新旧王朝之间仍然存在连续性和关联性。中国几千年历史中有王朝易姓和民族政权之间的战争,但没有因外国敌人入侵而产生的国家灭亡。中国内部不同政权的对峙,时间长短不一,最后仍然是统一。统一是中国历史的主流。正是在王朝更替中,各民族文化得到整合和融合,并逐步形成以儒学为主导的一体多元的中华民族文化。蒙古族建立的元朝、女真人建立的清朝仍然是中国历史发展中的一个阶段。"崖山之后无中国,明亡之后无华夏",诚如有的学者所言,此实乃偏激之论。元史、清史仍然是中国历史,它们尊崇的文化仍然是中华民族文化。西域诸民族政权以及辽金西夏的历史仍然被记载在中国正史之中,属于中国历史的一部分。由此可见,保持国家统一,没有分裂成不同的独立国家;国家强大没有外国侵略者的占领,中华民族的主体文化必然会是统一的文化。当然在统一的国家中,各民族会有自己本民族文化,各地区有地域文化。它使中华民族的民族文化丰富多彩,而不是与主体文化脱钩、异道而行的另一种文化。中华文化是无侵略性的凝聚性的向心文化,它不断像雪球一样越滚越大、越聚越紧。世界上没有完全由同一种文化处于主导地位的两个不同国家。国家不同,主导文化就会不同;反之亦然。

　　中国共产党领导中国人民经过浴血奋斗,终于结束了国家混乱、军阀割据、帝国主义驻军和各自占据租界治外法权的局面。中国成为主权独立的国家。一个强大的统一的各民族团结的中华人民共和国,是确保中华民族的文化连续性不会发生中断的政治保障。新中国成立70年,是中华民族更加繁荣的70年,也是各民族文化更加繁荣并更丰富的70年。一些外部势力处心积虑地企图分裂中国,企图把统一的中国分裂为几大块,我们应该高度警惕。分裂中国,就是灭亡中国。中国的分裂,同时也就是中华民族五千年历史和文化的连续性中断与碎片化。任何一个真正热爱中华民族文化的人,必定同时是一个真正的爱国主义者。反之亦然。强大而团结的中华人民共和国是我们"文化自信"的国家保障。

　　中国从1840年后屡遭强敌侵略。国家风雨飘摇、生灵涂炭、民不聊生,人民生活在水深火热之中,文化自信受到极大伤害。有人说这是"打悲情牌"。这种说法是完全错误的。我们可以忘记历史上的仇恨,但不能没有历史的记忆和耻辱感。悲情是乞求怜悯和同情,或煽起民粹主义情绪,而历史的耻辱感是点燃爱国心、激起奋发图强心的火把。马克思非常重视一个民族的耻辱感。他说过:"如果整个国家真正感到耻辱,那它就会像一只蜷伏下来的狮子,准备向前扑去。"因历史恩怨而排外是民粹主义,深感历史上曾经落后挨打的耻辱而奋发图强是爱国心。中国由睡狮到醒狮的转变正是基于全民族强烈的爱国之心。习近平总书记在主持召开学校思想政治理论课教师座谈会上的重要讲话中强调,要厚植爱国主义情怀,把爱国情、强国志、报国行自觉融入坚持和发展中国特色社会主义事业、建设社会主义现代化强国、实现中华民族伟大复兴的奋斗之中。这是中国历史和近百年历史教训的总结，也是我们对新中国成立 70 年所取得的国家成就拥有民族自豪感和文化自信的根据。

二、发展经济、优化制度是坚定
文化自信的深厚基础

马克思主义用唯物史观看待文化，把文化看成是由生产方式决定的观念形态的东西。一个社会的文化，是与特定社会的经济、政治相关联的。占主导地位的文化性质，是由占主导地位的经济和政治状况决定的。物质生产方式制约着精神生产。从事精神生产的人，生活在一定的社会形态之中，他们不可能越出自己社会许可的范围之外创造自己的文化。尽管影响文化的因素是多种多样的，文化与经济和政治的联系会由于许多中间环节而变得模糊，但物质资料生产方式在精神生产中的最终决定作用，政治制度对文化发展有或推进或阻碍的作用是确定无疑的。

在前资本主义社会，中国是世界上农业最发达的国家之一。中国传统文化的高度发达和丰富多彩，与中国历史上农业经济发展成熟和手工业高度发达密不可分。毛泽东在《中国革命和中国共产党》一文中强调："在中华民族的开化史上，有素称发达的农业和手工业，有许多伟大思想家、科学家、发明家、政治家、军事家、文学家和艺术家，有丰富的文化典籍。"中国历史上封建社会的农业生产方式的成熟和农业手工业的高度发达，是中国文化和文明得以高度发达的经济基础。中国发达的传统文化是不可能建立在极其贫穷落后的经济之上的。

中国的封建制度也有其特殊性。从秦始皇"奋六世之余烈，振长策而御宇内，吞二周而亡诸侯，履至尊而制六合"建立秦王朝后，废除封邦建国的旧制度，实行中央集权的郡县制，国家官员由中央任命，书同文、车同轨，使中国成为统一的国度，而不是众多诸侯国的集合。大一统的观念从制度上得到保障。柳宗元《封建论》中为郡县制辩护，驳斥因秦二世而亡否定郡县制改革的历史意义，指出"咎在人怨，非郡邑之制失也"。并以汉代恢复分封制度的弊端为教训："汉有天下，矫秦之枉，徇周之制，剖海内而立宗子，封功臣"，结果酿成吴楚七国之乱。柳宗元的结论是，"秦制之得亦以明矣。继汉而帝者，虽百代可知也"。自此以后，中国历史上中央集权的郡县设置名称可以不同，地域划分可以变更，官吏设置可以改变，但没有再回归废除郡县、封邦建国的旧制度。中国历史上改朝换代、王朝易姓颇为常见，主要是因为封建社会的基本矛盾激化，土地兼并，富者良田阡陌，贫者无立锥之地，政治腐败，苛捐杂税而引起的人民的反抗。

中国历史具有的连续性并没有因王朝易姓而断裂，文化传统的连续性也没有中断。中央集权的郡县制是王朝更替后自我修复的重要机制。中国官员的升迁选拔制度经过演变也在不断优化。从隋唐后破除门阀制，确立科举制，层层考试，为中下层地主子弟甚至寒门学子开辟了一条跻身统治阶层的道路。宰相起于州部、猛士起于卒伍的人才培养和官吏选拔具有更大的可选择性空间。科举制推动文化重心的下移，读书不再仅限于名门望族，这对文化的传播起到极大的推动作用。

习近平总书记说："历史是最好的教科书，也是最好的清醒剂。"我们清楚地认识到，中国封建社会是君主专制的社会，本质上是人治而非法治，它是中国历史进程中的一个阶段，具有其不可避免的历史局限性。社会主义中国决不会无分别地接受适合封建君主专制制度的东西，从制度到思想都是如此。社会主义在反对资本主义自由化的同时，也注意反对封建主义思想的遗毒。但中国封建社会的历史并非一片黑暗，我们的先辈为后世子孙积累了不少可供继承的东西。无论是中央集权的郡县制的国家体制的建构和人才选拔中强调选贤与能、制度化的官吏监督制度，都有可供借鉴之处。在中国共产党领导下，新中国成立 70 年来，我们以马克思主义和马克思主义中国化的理论为指导，确立了中国共产党领导的多党合作和政治协商制度、民族区域自治制度以及基层群众自治制度，并根据中国历史经验和基本国情逐步找到了一条不同于西方资本主义现代化的社会主义现代化道路，即中国特色社会主义道路。中国是依靠自力更生，依靠中国人民的智慧、努力和艰苦奋斗实现和平崛起的。毫无疑义，通过改革开放批判借鉴西方现代化的经验和教训，学习西方发达国家的先进科学技术也发挥了重要作用，今后我们仍然要学习西方发达国家的先进科学技术。

新中国成立 70 年来，我们在中国道路、理论和制度建设取得伟大成就基础上，重建了由于近百年惨痛历史而遭贬损的文化自信力。中国人民的精神得到空前解放。我们当然不会满足已有的成就。中国道路符合中国国情，但这条道路并不平坦，我们仍然有不少未知领域，有不少未知规律需要掌握，需要进一步总结经验；

我们也知道一个比较成熟的具有中国特色的社会主义国家制度仍然在继续完善中;中国特色社会主义理论同样要与时俱进。我们并不认为我们不存在任何社会问题。重要的是以习近平同志为核心的党中央正视问题,而且正在逐步解决面对的问题。判断一个社会的优劣并不是有没有问题,而是是否解决问题,按照谁的利益解决问题。中国在发展,中国在崛起,这是任何势力都无法阻挡的。

三、在守正创新中坚定文化自信

牢固树立文化自信,必须坚持"守正创新"。

守正,最核心的内容是要坚持马克思主义在意识形态的指导地位,坚持中国共产党对文化工作的绝对领导,坚决贯彻中国共产党制定的文化政策。我们的各级意识形态主管部门都要坚定贯彻落实党的路线和方针政策,自觉认识到自己在意识形态领域中肩负的守正创新的责任,反对任何官僚主义和形式主义。只管发文件而不管检查落实的官僚主义,只管热热闹闹做表面文章而不管实效的形式主义,都有百害而无一利。

守正,既要求各级意识形态主管部门的领导要有守正的坚定性,也要求要有政策观念和领导艺术。意识形态领域是知识分子,包括高级知识分子最为集中的领域。知识分子由于职业和工作方式的特点,最看重的是"自我创造",最倾心的追求是"学术自由""创作自由"和人格的"独立和尊严"。我们应该理解这种要求的正当性和合理性。但又不能任凭错误思潮在这种正当要求掩盖下沉渣泛起。"左"掩盖下的右，和右掩盖下的"左"，一种倾向掩盖另一种倾向，在意识形态领域并不罕见。这要考验领导者的水平和领导艺术。意识形态部门的工作不是一种单纯的行政工作，而是思想工作，是做人的工作。既要尊重知识分子，满足知识分子的合理要求，充分调动其积极性，繁荣发展中国的哲学社会科学和文学艺术，又要正确

马克思（1872年上半年于伦敦）

引领，对错误思潮开展严肃的批评教育和斗争。"宽"与"严"、"紧"与"松"，这是意识形态领域中的一个多种矛盾结成的"扣"，要使这个"扣"不变成"死结"，必须讲究领导艺术，既有原则性又有灵活性。缺乏灵活性，则妨碍发挥思想创造性，无助于哲学社会科学和文学艺术的发展；放任自流，让各种错误思潮自由传播，就会危及文化安全，从而危及我们的社会主义制度。

要区分政治问题和学术问题。学术观点应该提倡"双百"方针。对在课堂上挑战"四项基本原则"的观点应该进行批评、教育和坚决斗争。现在高校"告密"和"告密者"成为少数人炒作的热

词。面对几十、几百人的课堂本无密可言。课堂本不是教员的私人领地,而是面对学生教书育人的公共空间。如果有的学生对教员的讲课内容有不同看法,可以向老师提出,或者以不同的方式向院系或学校反映。教师有教师的权利,学生也有学生的权利。如果说,不管大是大非,学生只有一律照单全收保持沉默,不能有不同的看法,这种要求极不合理。"告密""告密者"历来为人所不齿,这个称号最容易丑化学生,并最容易激发对所谓纵容学生告密制度的痛恨。我想起了黑格尔的哲学短文《谁在抽象思维》,说贩卖臭鸡蛋的小贩完全不提臭鸡蛋而从头到脚编派顾客的不是。用"告密""告密者"称呼反映问题的学生,而有些评论者也以谴责学生和学校来凸显自己占领道德制高点。甚至有人危言耸听,说高校教师是"高危职业""人人自危",给人一种唯恐天下不乱的感觉,实在令人生疑。我真诚希望维护正常的教学秩序,培养风清气正的教风和学风。老师认真传道授业解惑,学生尊师重教,建立和谐的师生关系。

既要守正,还要创新。关于文化创新的规律,毛泽东提出了六字箴言:继承、借鉴、创造。"我们必须继承一切优秀的文学艺术遗产,批判地吸收其中一切有益的东西,作为我们从此时此地的人民生活中的文学艺术原料创造作品时的借鉴。有这个借鉴和没有这个借鉴是不同的,这里有文野之分,粗细之分,高低之分,快慢之分。所以我们决不能拒绝继承和借鉴古人和外国人,哪怕是封建阶级和资产阶级的东西。但是继承和借鉴决不可以变成替代自己的创造,这是决不能替代的。"毛泽东讲的是文学艺术,但它对人文社会科学具有普遍的适用性。

文化创新必须基于继承和传承。在空地上可以建筑大楼,在文化废墟上不可能创新和发展文化。魏徵在《谏太宗十思疏》中说,"求木之长者,必固其根本;欲流之远者,必浚其泉源"。固本培元,则根深叶茂;浚源疏河,则源远流长。我们只要懂得中国的文化发展史,就会信心百倍。因为我们的祖先确实为我们留下了丰富的思想遗产,而且在历代传承中得到创新发展。

继承中国传统文化,往往会碰到拦路虎说中国封建社会的思想是封建的,不能继承。关于这个问题,毛泽东有过回答,封建社会的东西并不等于都是封建的东西,其中有不少包含人民性的东西,即使是封建的东西也要分析。我们只要读读屈原的《离骚》中的"长太息以掩涕兮,哀民生之多艰";柳宗元在《送薛存义之任序》中,痛斥官吏,为百姓鸣不平;黄宗羲在《原君》中直指皇帝为"独夫",矛头直指君主专制。这些思想,其深度至今仍然闪闪发光。

在哲学的创新中,这种误解更多。有些学者认为坚持马克思主义的基本观点会冲淡中国传统文化的丰富性和合理性,特别在中国哲学领域最忌讳最厌烦的是唯物主义与唯心主义区分。例如,它们不愿意承认王阳明"心学本体论"中包含某些唯心主义成分。因为它们有个传统看法,如果承认唯心主义成分就是对它的否定。王阳明的"人心是天渊,心之本体无所不该",致良知就是将此障碍窒塞一齐去尽,回复本心。王阳明的"知行合一"是"致良知",是回归本心的途径。冯友兰先生也说,宋明理学中有三派:气学是唯物主义,理学和心学是唯心主义。唯心主义不能简单等同于错误,按列宁的标准阳明心学属于聪明的唯心主义。它继承中国儒学道德伦理特性,强调"除私去蔽""回归本心",反对私欲窒心,失去做人的本分。这对道德培养、道德自律有积极意义。现在的"阳明心学热",从道德修养角度来说有可取之处,因为当代人的物欲和功利主义太重,轻视道德修养,宣传"阳明心学"有正心诚意补错纠偏之功。正是在这个意义上,习近平总书记把共产党人的党性修养称为"共产党人的心学",强调"知行合一"。但与王阳明强调的回归本心,向内用力不同,共产党人的知行合一就是理论与实践的统一,是认识世界和改造世界的统一,是共产主义的理想信念与自己行为的统一。社会主义核心价值观的培育不能脱离中国特色社会主义实践,不是回归本心发现固有的良知,而是要接受理想和信念的教育与培养,并且在实践中经受考验。习近平总书记在中央党校(国家行政学院)中青年干部培训班开班式上发表重要讲话时强调:广大干部特别是年轻干部要在常学常新中加强理论修养,在真学真信中坚定理想信念,在学思践悟中牢记初心使命,在细照笃行中不断修炼自我,在知行合一中主动担当作为,保持对党的忠诚心、对人民的感恩心、对事业的进取心、对法纪的敬畏心,做到信念坚、政治强、本领高、作风硬。在我看来这是对"阳明心学"的合理吸取和改造,也可以看作是对中华优秀传统文化进行创造性转化和创新性发展的一个范例。我们对中国传统文化最重要的是在继承基础上进行创造性转化和创新性发展,而不是简单附会和类比。这是一项重要而极具学术性的工作。

要创新,必须反对文化民粹主义。中华民族是爱好和平的民族。我们不主张"东方文化优秀"论,更不会搞"中国中心"论。我们不会重复明清曾经发生过拒绝西方文明的无奈和错误。事实上,改革开放 40 多年,中国介绍西方的文化远远超过西方介绍中国的文化。中国人对西方的了解也远远超过西方一些人对中国的了解。在全面深化改革开放中,我们还将通过文化交流吸收借鉴人类文明优秀成果。我们派遣的留学生之多也是世界上少有的。我们主张世界文化多样性,提倡文化交流互鉴,反对"文明冲突"论。我们的"一带一路"倡议就不仅是经济合作共同发展,而且也是一种文化交流的最好渠道。我们相信,在文化交流互鉴中批判借鉴世界其他文化的有益成果对于我们的创新是有价值的。

当然,在处理本土文化和外来文化关系上不可能是简单的拿来主义。我们对外来文化的吸收与传播,取决于两个因素:一个是外来文化优秀性,一个是我们社会的需要和可接受性。社会文化需求与人的营养需要一样,都是吸取有利于自身健康的因素。当中国儒家文化处于主导地位时,在汉代开始印度佛教传入并在唐代达到高潮。儒学入世情结深,佛教的传入有其社会需要,尤其是对那些功名失意的士大夫和官海浮沉的官僚阶层,比较有吸引力,也最易被他们所接纳。到近代,中国最缺少的是科学技术,西学为用的思想最易接受,但科学与民主的思想与中国封建制度难以契合。在中国解决道路和根本制度问题之前,中国首先需要解决的是如何推翻旧的制度,寻找一条新道路,即中国向何处去的问题。这就是马克思主义在中国的传播比五四新文化运动倡导的科学民主,对先进的革命知识分子更具有吸引力的原因。尽管别的什么主义也曾在中国传播,但都是雨打梨花,好景不长。社会需要是文化吸收的过滤器,不经过社会这个过滤器,文化的传播只能是暂时的,更不用说生根发芽。马克思主义之所以生根发芽,并实现马克思主义中国化,其原因正在于此。正是有了马克思主义在中国的广泛传播,才有了中国共产党成立和中国革命的胜利,才使科学技术得到迅猛发展,才使社会主义民主在新的制度下得以生根发芽,并且随着中国道路和制度建设不断完善得到新的更大发展。

要守正创新必须坚决贯彻以人民为中心的原则。坚持以人民为中心是守正,因为人民是历史创造者,是社会主义社会的主人,这是马克思主义的基本观点。背离这个原则,守正无从谈起。同时,以人民为中心又是创新的动力和源泉。中国文化的创新,包括哲学社会科学和文学艺术,脱离人民,自拉自唱,终究走不出房门,至多是自己的小圈子里,或者微信群里相互点赞。

文化上无知、无助,这是一些人对人民群众在文化领域中作用的看法。这种看法当然是错误的。无论古今中外,伟大思想家、文学家、艺术家对文化的个人贡献值得我们尊敬。但是人民生活是一切思想文化的源泉,没有人民的实践和他们在实践中积累的智慧,也就不可能有伟大的文化产品。马克思说:"哲学家并不像蘑菇那样是从地里冒出来的,他们是自己的时代,自己的人民的产物,人民最美好、最珍贵、最隐蔽的精髓都汇集在哲学思想里。"马克思关于哲学所说的话适用于作为观念形态的思想文化。"最美好、最珍贵、最隐蔽的精髓"就存在于人民的普通的日常生活或激烈的斗争生活中,存在于生活中的真善美与假丑恶的斗争中。只是这个"最美好、最珍贵、最隐蔽的精髓"并非人人可见、人人能见。哲学家、思想家、文学家之所以是哲学家、思想家、文学家,正在于他们有善于思维的哲学头脑,有善于捕捉生活之美的审美眼光。他们越是深入人民生活,越是能发现别人看不到体会不到的人民生活中的"最美好、最珍贵、最隐蔽的精髓"。看到人民的伟大才能成就他自身的伟大,人民性可以说是一切思想文学艺术的通灵宝玉,得之者生,失之者死。

在文化领域,人民大众不只是生活的源泉,不只是从根本立场和价值观上决定文化产品的优劣高低,事实上,人民同样是文化创造的参与者。他们虽然不是传世的文化典籍的作者,但在物质和非物质文化领域,普通的人民群众往往占有最突出的主导地位。精美的石雕、木塑、泥塑,各种传统的工艺、手艺,给人类文化留下了许多珍贵的瑰宝。他们是没有留下姓名的木匠、石匠、泥瓦匠、裱匠,绣工、织工手艺人。我们引以为豪的敦煌石窟、龙门石窟,以及隐藏于天下名山中的许多寺庙建筑、江南园林,其建造者大多是普通的劳动者。我们不仅要牢记那些著名思想家和他们留下的经典,我们同样要记住那些生活在底层对人类文化作出贡献的无名无姓的普通百工技艺人。我们的故宫博物院中,除了名人字画外,还有作为国宝的青铜和各种名窑瓷器,一般没有人知道制作者是谁。在人类文化领域,如果我们排除非物质文化遗产就不可能构成人类的文化。而在这一领域中大多是民间的高手名匠,只要读读柳宗元的《种树郭橐驼传》《梓人传》都能明白这个道理。"高手在民间",这是在研究文化自信时决不应该忘记的。

在移动互联网时代,守正创新当然包括传播渠道和方式的创新。在当代,传播方式的快捷、便利,受众之多是前所未有的。如果主流意识形态不能掌握新媒体,而是拱手让出这个重要阵地,将会使主流意识形态的传播陷入前所未有的困境。

行百里者半九十。我们深知实现中华民族伟大复兴还要面对许多需要解决的老问题和新问题。在前进道路上出现"黑天鹅事件""灰犀牛事件"都不足为怪。我们既要有忧患意识，又要保持战略定力。社会主义社会不是一次普通的革命，不是王朝更替，也不是西方的政党轮替，而是人类历史上一次社会形态的变革。困难之多，不难想见。世界资本主义从诞生到资本主义制度的逐步建立和完善，经历几百年。资本主义作为取代封建社会的社会制度，对人类社会生产力的发展，对科学技术的推进，对新型政治制度的建立作出过贡献。至今某些资本主义国家在很多科学技术领域仍然处于领先地位。社会主义中国成立才 70 年，改革开放也才 40 多年，我们为获得的成就自豪，但要建立一个成熟的发达的社会主义社会，仍需全党全国各族人民团结奋斗。

"自信人生二百年，会当水击三千里"。中国人民不会忘记中国历史上的辉煌，不会忘记中华民族曾经的苦难和牺牲的无数先烈。"不忘初心，牢记使命"。实现中华民族伟大复兴，是中国人民的百年梦想，寄托着中国近 14 亿人民的热切期待，也是真正筑牢文化自信的理论和现实基础。

第九章　人、自然与社会

社会是人与自然关系的中介。人不是作为生物学的个体或群体,而是以社会成员的资格同自然相交往。在一定意义上可以说,社会与自然的关系,无非是从人的活动方式和组织形式角度来把握的人与自然的关系;而人与自然的关系,无非是从物质交换角度来把握的社会和自然的关系。

一、理论视角的转换

人是从自然界分化出来的。自然界是

人生存的首要和基本的来源。人对自然界的依赖如此密切,以至一切崇拜和神化都是从自然开始的。最早的宗教是自然拜物教。最早的意识是自然意识,即对周围自然界牲畜般服从的动物性意识。最早的艺术是对自然的模仿的描述。最早的哲学是自然哲学。最早的哲学家是自然哲学家。可以说,原始宗教、神话、艺术、哲学,就其起源来说都离不开人与自然的关系。

人类虽然是从自然开始自己的认识历程,但在很长的时期内并没有找到人在自然界中的位置,也没有找到从哲学高度观察人与自然关系的适当角度。

哲学从其童年时代起,一切唯物主义的共同点是承认自然的客观实在性,或者说世界的物质统一性。它们毫不怀疑自然界先于人并在人的意识之外的存在,努力探求自然界的本质或本原,以便从自然本身说明自然。它们就自然界考察自然,以便达到按照世界的本来面目认识世界。这种观点有其正确的一面,特别是对以自然规律为对象的自然科学来说是非常重要的。恩格斯在评论18世纪上半叶自然科学状况时说:"当时哲学的最高荣誉就是:它没有被同时代的自然知识的狭隘状况引入迷途,它——从斯宾诺莎一直到伟大的法国唯物主义者——坚持从世界本身说明世界,而把细节方面的证明留给未来的自然科学。"

旧唯物主义在人与自然关系问题上的缺点也是很显然的。它们推崇作为自然的自然,而不懂得历史的自然,即处于一定历史进程和文化环境并打上了人的烙印的自然,它们也不懂得自然的历史,不懂得自然界由于人的参与而发生的变化。它们把自然与人的活动分离开来,一边是自然,一边是人,采取的是人与自然二元

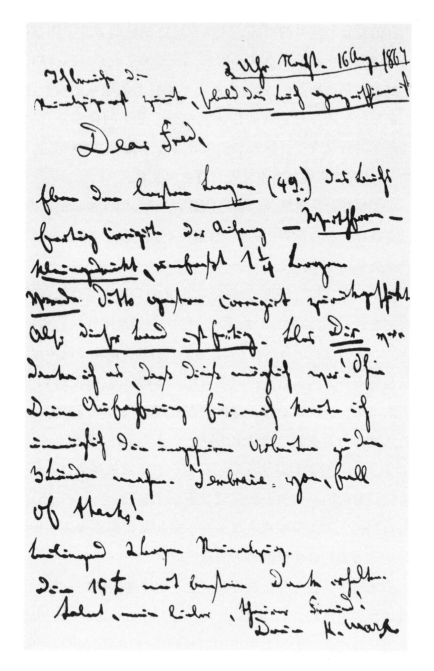

马克思写给恩格斯的信

化的原则。它们坚持唯物主义,但陷入了形而上学。

从康德开始的德国古典哲学可以说是人与自然关系上的一次视角的转换。同以往唯物主义仅仅从客体把握自然不同,它们从主体方面把握客体,也结束了认为自然界没有任何历史的观念。但德国古典哲学以"先验自我""绝对观念"名义确立的主体,是无人身的主体。从这种主体出发来把握客体,只能使客体笼罩上神秘的主体性。无怪乎在青年黑格尔派那里,人与自然的现实问题变成了抽象的实体和自我意识的问题。

费尔巴哈不满意德国古典唯心主义哲学对人与自然关系的思辨改革,从绝对观念转向人,把人与自然从绝对观念的依附地位提升为哲学的最高原则,强调人与自然的统一。但这种统一不是以实践为中介的认识论的统一,而是本体论的统一,是以人和自然的客观本性为基础的统一,即人是自然的人,自然是作为人的自然存在基础的自然。这种统一的最高成就是自然主义和人本主义。费尔巴哈克服了德国古典哲学的唯心主义缺点,但忽视了从康德到黑格尔在主体性问题上取得的成就。他恢复了唯物主义的王位,同时也复活了它们的缺点:仅仅从客体角度改革客体,甚至把人也变成了仅仅是感性对象。费尔巴哈尽管使人摆脱神学的和唯心主义的羁绊,但并没有真正确立人的主体地位,在人与自然关系的把握上陷入了同旧唯物主义一样的困境。

这样,在人与自然的关系问题上,我们在人类思维史上看到的是两种思维方式:客体性原则和主体性原则。它们彼此对立,形同冰炭。在抽象的对立中,使其中包含某些真理性的认识变成了谬误。

马克思主义克服了客体性原则与主体性原则的二律背反。它既不是片面推崇客体,也不是片面迷恋主体。之所以能达到这个高度,关键在于,马克思把自然作为人的劳动对象纳入人的活动范围来考察。

在劳动中,自然界已丧失了它往昔的地位,它既不是自然拜物教徒眼中那个神秘莫测、人们对之顶礼膜拜的神物,也不仅仅是旧唯物主义眼中那种仅仅作为不依赖人而独立自存的物质。自然界是人们的劳动对象,是人们借以获得生产资料和生活资料的来源。借助于劳动,人与自然关系转变以实践为中介的主客体关系。

劳动包括对客体性原则的认可,因为没有无对象的劳动。劳动并没有否定自然的客体性。人们要在劳动中达到预期目的,必须承认自然的先在性和实在性,并力求按照自然的本来面目认识自然界。但劳动打破了旧唯物主义的那种硬化的、僵死的客体性原则,包含从主体角度把握客体的合理性和必要性。

同样,劳动包含对主体性原则的认可,因为没有无主体的劳动。但劳动中的主体,已经不可能是德国古典唯心主义哲学中的无人身的主体,而是现实的从事劳动的人,是受劳动对象、劳动条件和劳动工具、劳动方式制约的主体。因此,我们同样承认从客体角度把握主体的合理性和必要性。劳动的实际过程是人与自然的物质交换,哲学中以实践为中介的主客体相互关系的理论,是对这种过程的抽象。所以实践的视角,不是片面的主体性原则,也不是片面的客体性原则,而是以扬弃的形式包括这两者。

在著名的《1844年经济学哲学手稿》(以下简称《手稿》)中,

马克思揭示了人与自然的多层次关系,第一次把它区分为实践关系、认识关系、审美关系。

就肉体生活来说,人与动物一样都依赖自然界。而且人比动物越是高明,越是具有能动性,人对自然界的依赖越广泛越深刻。人与动物的区别不在于是否依赖自然,而在于这种依赖方式。自然界是人的活动对象,是人赖以生活的源泉,但人是以人的方式依赖自然,即通过劳动建立起同自然的改造和被改造关系。马克思在讲到人与自然关系时强调,"从实践领域说来,这些东西也是人的生活和人的活动的一部分。人在肉体上只有靠这些自然产品才能生活,不管这些产品是以食物、燃料、衣着的形式还是以住房等等的形式表现出来。"还说,"在实践上,人的普遍性正表现在把整个自然界——首先作为人的直接生活资料,其次作为人的生命活动的材料、对象和工具——变成人的无机的身体。"

实践关系是人与自然的首要的基本的关系。这种关系根本改变了人与自然关系的性质。动物与它的生存环境是单纯的依存关系、适应关系。这是自然界内部的关系,是一种自然物与另一种自然物的关系。自然本身规定了动物的活动范围,动物从不试图越过这个范围。动物区系本身就是自然环境的一部分,是整个自然生态链条中的一个环节。而人与自然的实践关系,使人处于能动者和创造者的地位。

人与自然关系还包括认识和被认识关系。马克思说,"从理论领域说来,植物、动物、石头、空气、光等等",是"自然科学的对象"。马克思当时还专指自然科学,没有对人与自然的认识关系进行全面论述。但说明马克思已经意识到不能把人与自然的关系仅仅归结为实践关系。从原始的图腾崇拜、宗教神话到近代的自然科学的发展都证明马克思的论断,自然界是人的主要认识对象,人不仅在实践着,而且在认识着。

此外,与自然科学相并列,马克思还强调植物,动物、石头、空气、光,总之自然界也是"艺术的对象"。这是颇为耐人寻味的。毫无疑问,艺术也是一种认识,但它是与自然科学不同的另一种形式的认识。艺术和科学各有不同的认识功能和社会功能。尽管自然界既是自然科学的对象,也是艺术的重要对象,但艺术不是对自然界的实证性认识,而是一种审美关系,是人与自然关系的一种审美价值判断。

实践关系、认识关系、价值关系,在人与自然交往中并不是互不相关、彼此并列,而是同时并存,相互渗透。只有从抽象思维的角度才能把它们彼此剥离开来单独考察。其中,最根本的关系当然是实践关系,而认识关系和价值关系是被实践关系决定和制约的,并且是实践关系的内在要素。它们是在实践关系的基础上产生的,并渗透和影响整个实践过程。但在实践过程中,认识关系和价值关系方向相反。认识追求的是真理,它要求主体的观念、认识应该符合客体,价值追求的是效用,它要求客体符合主体的利益和愿望。认识和价值的矛盾是在实践中不断解决又不断产生的。从人与自然关系中排除认识和价值关系,人的实践活动就降低为动物的本能行为。

理论视角的转换,是哲学形态的变化。马克思从实践角度把握人与自然的关系,对自然,社会、人的问题的认识带来了根本性的变化。

自然变成可理解的自然。从实践的角度把握自然界,可以看到人类周围的感性世界是人的活动的产物,是已死去的和活着的文明的见证人。旧唯物主义的自然本体论,自然先在论的错误并不在于它坚持自然的客观实在性,坚持自然界先于人类而存在。相信自然的客观性正是唯物主义之所以是唯物主义的关键所在。它们的错误在于撇开人类的实践活动考察自然,因而无力解释由于人的参与而引起的地球表面、气候、植物界、动物界以及人类本身的变化。它们把自然界移到人的活动范围之外,或者说从自然界中排除人的活动,从而把现实的自然界变成不可理解的神秘自然界。

社会变成可理解的社会。劳动创造了人,创造了人类社会。人类社会的经济结构、政治结构是在劳动基础上形成的。劳动的确是打开人类社会奥秘之门的钥匙。

人们往往认为,只有人与人的关系才属于社会之中的关系,而人与自然关系属于社会之外的关系。这是一种空间观念引起的理论错觉。其实,人与自然关系同样是人类社会的一种基本关系。没有这种关系,人类社会就不存在。因此只有正确理解人与自然的关系,才能真正把握人类社会历史的本质。

马克思一再批评历史唯心主义者企图从社会历史中排除人与自然的关系。他在《手稿》中说,"历史是人的真正的自然史",还说,"只有自然主义能够理解世界历史的行动",这里所说的"自然史""自然主义",都在于强调人与自然的关系是社会中的基本关系,正是这种关系赋予人类社会以客观的物质内容。事情很显然,从社会历史中排除人与自然关系等于排除劳动,这意味着历史的中断和社会的灭亡。

如果说上述看法在《手稿》中还是一种暗示的话,在《神圣家族》中则非常明确。马克思在批判青年黑格尔派时以责问的口吻说:"难道批判的批判以为,只要它从历史运动中排除掉人对自然界的理论关系和实践关系,排除掉自然科学和工业,它就能达到即使是才开始的对历史现实的认识吗?"马克思的回答是否定的。排除人与自然的关系是把历史同物质生产、同劳动分开,实际上是认为"历史的发源地不在尘世的粗糙的物质生产中,而是在天上的云雾中"。

在《德意志意识形态》中,马克思和恩格斯继续批判青年黑格尔派和费尔巴哈把人对自然界的关系从历史中排除出去,制造自然界和历史之间的对立。的确,从社会中把人与自然的关系驱逐出去,意味着把社会看成是一个不需要与自然进行能量和信息交换的独立的、封闭的结构。这样的社会,在地球上从来没有存在过,也不可能存在。

这样,人变成可理解的人。人是什么,不可能从孤立的个体,或从人的内在本性中得到说明,只有人的历史,特别是人的劳动史才能揭示人的本质。单纯的生物进化无法解释从猿到人的转变,自然选择,也无法说明社会的形成及其演变。人的变化不可能由人的生理因素得到解答。从茹毛饮血的原始人到现代人的变化,人的才能、智力、素质、思维能力的增长,不是人的内在潜力的自我实现,而是劳动的结果,是全部人类劳动及其创造的文化的积淀或内化的结果。人的历史,无非是人通过劳动而自我创造的历史。

二、自然界：人的作品和现实

"生产是人的能动的类生活。通过这种生产，自然界才表现为他的作品和他的现实。"马克思的这一著名论断，是他考察人与自然关系视角转换的一个重要结论。它突破了古代自然哲学囿于自然自身，就自然探索自然的封闭式的旧本体论的局限性，由对客观自然本身的探索，转向注视人与自然关系的研究。

人对人与自然关系的看法是受它的实际关系决定的。尽管当人从自然界分化出来后就逐步迈开了改造自然的步伐，但在初期，人类对自然的改造和影响力是极其微弱的。水平低下的生产力，使人不可能把自然界看成人的作品和现实，相反人像婴儿依赖母亲那样依赖自然。这就是马克思所说的人对自然牲畜般服从，这时，自然界作为一种完全异己的，有无限威力的和不可制服的力量与人相对立。此时，人同自然的关系，类似动物和自然的关系。图腾崇拜和原始宗教所蕴含的社会意义，就是这种关系的反映。例如图腾崇拜表明的是，人对自然界的极其狭隘的依赖关系。原始人之所以崇拜某一种动物，把它当作自己的祖先和保护者，这些动物确实是他们赖以为生的源泉。有的学者看到了这种秘密。例如，《人·偶像和上帝》的作者就说，"在自然和集体面前显得软弱无力的原始人，把自己跟他的动物祖先，跟自己的图腾等同起来①，通过复杂的并经常是备受折磨的仪式，归根到底扩大着他对

---

① 《人·偶像和上帝》，转引自《文化与宗教》，中国社会科学出版社1984年版，第7页。

自然和社会环境的依赖。"

从 14 世纪逐步孕育成熟的资本主义生产方式,促进了生产力的发展,展示了人对自然的改造力量,开始了人的觉醒。可是,在很长的一段时期内,资产阶级人道主义思潮处于非常矛盾的境地。他们反对封建专制制度和宗教对人的藐视,但并不真正懂得人的创造能力。他们强调的是人的生存与生活的价值和意义,而不是人改造自然和驾驭自然的能力。他们尽管赞美人,认为没有人的地球,正如没有星星的夏夜一样乏味沉闷,可当涉及人与自然的实际关系时,他们强调的是人对自然的片面服从。而且把本来是属人的东西,如情欲如激情,都看成是既有开始也有结束的机械运动。在他们看来,人和自然一样,都受某种类似机械力的那种同一的动力支配。

到 19 世纪上半叶,资本主义社会创造的生产力,比过去一切世代创造的全部生产力还要多,还要大,充分显示了人对自然的改造力量,才有可能使哲学家们清楚地看到自然界的人的本质,即把自然界作为人的作品和现实。

马克思在《经济学手稿(1857—1858)》中,非常精辟地论述了这一点。他说:"只有资本才创造出资产阶级社会,并创造出社会成员对自然界和社会联系本身的普遍占有。由此产生了资本的伟大的文化作用,它创造了这样一个社会阶段,与这个社会阶段相比,以前的一切社会阶段都只表现为人类的地方性发展和对自然的崇拜。只有在资本主义制度下自然界才不过是人的对象,不过是有用物;它不再被认为是自为的力量;而对自然界的独立规律的理论认识本身不过表现为狡猾,其目的是使自然界(不管是作为消费品,还是作为生产资料)服从于人的需要。"

只有生产力的发展才能导致人与自然关系问题上观念的变革,使人从自然的崇拜转向对自然的利用,从自为的自然转向为我的自然。马克思1844年关于自然界是人的作品和现实的论断,不单纯是智慧的结晶,而是时代的产物。它是马克思对自己时代人与自然实际关系的哲学反思。

自然界是人的作品和现实的论断,是彻底无神论的。它使冷冷苍穹,昊昊皇天,从幽冥莫测至高无上的地位,降低为人能够改造,能够控制,能够利用的物质世界。人用双手改造了自然,也从自然界中驱走了神。

自然界是人的作品和现实的论断,也是彻底辩证法的。它使人从自然的强制力量中解放出来,处于能动者、创造者的地位。纯自然的自然界提供的是它可能提供的东西;而作为人的作品和现实的自然界提供的是人所需要的东西。人工培植的动植物品种,各种合成材料,就其效用而言对人更有价值。人不仅是自然的"奴仆",也是自然的"主人"。作为人的作品和现实的自然界,证实的正是人与自然的辩证关系。

要使自然界作为人的作品,当然离不开人的意志。但是人并不是单凭意志做到这一点的。人是通过生产,而且也只有通过生产才能使自然界表现为人的作品和现实。因此,这一过程是人通过物质生产把自然因素纳入人类历史领域的过程。作为人的作品的现实的自然界,不是人的活动"射程"之外的自然界,而是处于人的活动范围之内的自然界;不是作为自然的自然,而是作为历史的自然。

一个社会发展的水平和速度,会受到它赖以生存的自然条件的影响。过分优越的自然条件会麻痹人的力量,而不适宜生存的过分恶劣的自然环境会砍伐人的创造力。但具有关键意义的并不是既成的自然条件,而是人在何种程度上能把自然界改造得符合自己的需要。从这个角度看,人与自然的关系的确存在挑战与应战的关系。真正有创造力的民族并不是自然条件得天独厚的民族,而是能把不利条件变为有利条件艰苦创业的民族。

自然界变成人的作品和现实的过程,是变纯自然为人类生存条件的过程,也是人类社会的形成和发展的过程。如果离开了人把自然界变成自己的作品和现实,仅仅把社会看成人的集合体,看成是类,就无法理解社会的本质。仅仅根据"类"的概念,我们可以把任何动物的群体称为社会。这样做,除了玩弄"社会"这个概念外,并不能揭示动物群体的生物学特质。没有物质生产,就没有社会。

从生产关系角度看,作为人的作品和现实的自然界,永远是同一定的所有制形式分不开的。任何所有制都是一种关系,首先是人对自然界及其产品的占有关系。

从生产力角度看,作为人的作品和现实的自然界是人类生产力的凝结,转化,又是人类生产力的扩张。社会生产力,不是既成的自然力,而是一种社会力量,它是人类改造自然过程中形成和发展起来的。从原始的打磨石器、青铜器,到机器的出现,到当代的高科技,它所显示的正是越来越广泛地把自然界变成人的作品和现实的过程。

这是一个无止境的、有限和无限相结合的辩证过程。

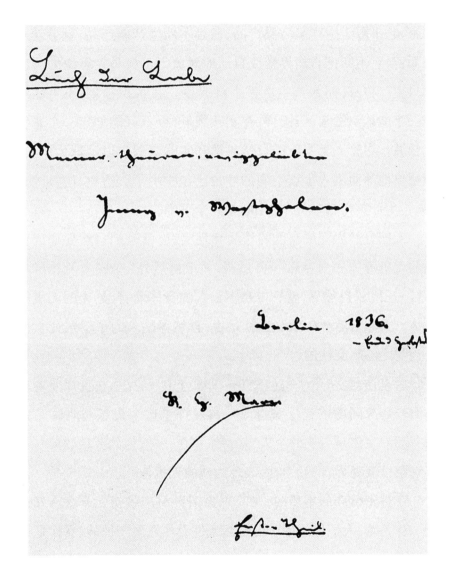

马克思写给燕妮的诗

就人与自然的关系而言,人在特定时期的活动范围是有限的,但又能不断超越自己原来的活动范围,向新的领域拓展。就产品而言,它不限于生产某一类产品,而是不断生产新产品;就劳动对象而言,它不断把自然界变成自己的对象。正如马克思说的,"动物只生产自身,而人再生产整个自然界。"在认识领域,不可能划定一个能认识的禁区;同样,在实践领域,也不可能划定一个非实践领域。尽管人类当前的自然科学和实践范围仍以地球为中心;但超出地球而进入宇宙空间的号角已经吹响了。历史日益证明,"人再生产整个自然界"的论断是完全正确的。

人把自然界变成自己的作品和现实,也就是把自然界变成自己的无机身体。马克思一再强调,人把自然界"变成人的无机身体"。还说,"自然界,就它本身不是人的身体而言,是人的无机的身体。人靠自然界生活。这就是说,自然界是人为了不致死亡而必须与之不断交往的、人的身体。"

后来在《经济学手稿(1857—1858)》中,马克思在批评蒲鲁东对财产起源问题的错误观点时一再发挥了这个观点。他说:"正象劳动的主体是自然的个人,是自然存在一样,他的劳动的第一个客观条件表现为自然、土地,表现为他的无机体"。

在讲到财产的本质时,马克思强调:"财产最初无非意味着这样一种关系;人把他的生产的自然条件看作是属于他的、看作是自己的、看作是与他自身的存在一起产生的前提;把它看作是他本身的自然前提,这种前提可以说仅仅是他身体的延伸。其实,人不是同自己的生产条件发生关系,而是人双重地存在着;主观上作为他自身而存在着,客观上又存在于自己生存的这些、自然无机条件之中。"

"人的双重存在",也就是说人有两个身体:一个是人的有机身体,即人自身的自然存在,人的头脑、血肉、四肢;另一个是人的无机身体,即人之外的自然界。可是,就时间说,自然界在人出现之前就已经存在,就空间说,自然界的绝大部分处在人的活动范围之外,它并不依存于人。因此,作为人的无机身体的自然界,并不是泛指一般自然界,而是指通过人的活动被改造过的自然界,它是人的另一个"我"。因此,自然界作为人的无机身体,同自然界作为人的作品和现实是同一个思想的不同表述。

三、自然的客观实在性

从自然界是人的作品和现实中,能够得出马克思否定自然的客观实在性,排斥一切存在于人之外的自然的结论吗? 不能。认为马克思彻底否定唯物主义本体论的看法,或者是误解,或者是曲解。

哲学从以本体论为中心,逐步转向认识论的研究,是哲学意识的进步。但本体论问题并不因此就消失了。某个哲学家或哲学学派可以不着重研究本体论,但不能绕开本体论。可以说,关于世界的本质问题、关于存不存在客观世界问题无处不在,它或明或暗地渗透到一切哲学命题或哲学判断之中,死死缠住哲学家们的头脑。即使是宣称摒弃一切本体论问题,把哲学归结为语言和逻辑的分析哲学,也并没有逃避掉本体论问题。马克思早说过:"哲学家们只要把自己的语言还原为它从中抽象出来的普通语言,就可以认清他们的语言是被歪曲了的现实世界的语言,就可以懂得,无论思想或语言都不能独自组成特殊的王国,它们只是现实生活的表现。"

人与自然关系问题研究的重点是关系,但离不开实体。没有无实体的关系。人与自然关系问题本身就包括本体论问题。要科学阐述和正确处理人与自然的关系,必须弄清人与自然的本性。不了解自然本身"是如何",不可能提出它"应如何"的问题。黑格尔非常清楚这一点。他说:"理智的工作在于认识这世界是如此,反之,意志的努力即在于使得这世界成为应如此。"①

的确,马克思《手稿》论述的重心是放在从主体角度把握客体,即人如何通过劳动为自己创造一个对象世界上。而且其中有些论述含义模糊,容易引起争议,例如,《手稿》在把自然界看成自然科学和艺术对象时,强调它"是人的意识的一部分","是人的精神的无机界";在另一处,马克思又说,"被抽象地孤立地理解的、被固定为与人分离的自然界,对人说来也是无"。

其实,对这些引文只要不停留在表面的引证上,而是深入到马克思的思想深处,我们便能得出如下结论:

第一,马克思强调的是精神生产的特点。在物质生产中,人通过劳动为自己创造一个对象世界,因而自然界是作为人的"物质无机界",而在精神生产中,自然科学和艺术是对自然界的观念的把握,是在头脑中对自然界进行加工、消化,因而是"人的精神无机界",是"人的意识的一部分"。这里所说的"精神无机界",是

---

① 黑格尔:《小逻辑》,贺麟译,商务印书馆1980年版,第420页。

"人的意识一部分"，显然不是否定自然界的客观性，而是对自然科学和艺术特点的不太确切的表述。

第二，马克思对黑格尔的批判。在黑格尔看来，自然界是绝对观念的自我异化。当绝对观念在纯逻辑中经历了全部过程之后，必须自我扬弃，从自身中释放出自然界。否则，必须在纯逻辑中再一次重复全部抽象过程。在黑格尔的哲学中，作为与自然界相对立的主体是绝对观念，而不是人。人与自然是绝对观念发展中的不同环节，它们是彼此分离的。正是针对黑格尔这个观点，马克思说了这段著名的话，强调在他的体系中，自然界是无。

人永远是在人与自然关系的系统中把握自然。这个关系之外的自然界，对人说来是尚未认识之物，但不能说是非存在物——无。我们应该区分自在之物和为我之物。承不承认自然的客观实在性问题属于本体论问题；自在之物向为我之物的转化问题属于认识论问题。这二者不可分。如果不承认自然界的客观实在性，就不存在自在之物向为我之物转化的问题；反之，如果自在之物不向为我之物转化，客观世界永远处于认识和实践范围之外，这个所谓客观世界就变成了神秘之物，成为永远不可把握的 X。现实的自然界，是作为人的实践和认识对象的自然界；即使目前尚未进入人的活动范围之内，它总是一部分一部分被纳入人的活动之中。这是个无止境的过程。因此，黑格尔的自然界——与人相脱离的自然界，是无，或者用马克思的话说，是"抽象的自然界"，"是自然界的思想物"。

在《手稿》中，马克思对自然的客观性问题进行了多方面的论证。

马克思把自然界作为劳动对象来考察,通过对象化的劳动肯定自然界的优先地位和客观实在性。马克思明确指出:"没有自然界,没有感性的外部世界,工人就什么也不能创造。它是工人用来实现自己的劳动,在其中展开劳动活动,由其中生产出和借以生产出自己的产品的材料。"这里讲的既是经济学又是哲学。马克思关于自然客观实在性的观点,是对物质生产中各个要素关系的哲学概括。

马克思通过驳斥宗教创世说肯定自然的客观实在性。在他看来,人的实践活动,使得"关于某种异己的存在物,关于凌驾于自然界和人之上的存在物的问题,即包含着对自然界和人的非实在性的承认问题,在实践上已经成为不可能"。马克思还援引地质学和生物学的材料来论证自己的观点,认为大地创造说,受到构造地质学的致命打击;而自然发生说,是对创世说的实际驳斥。

马克思还特别强调非理性因素(感觉、激情、欲望)对确证唯物主义本体论的意义,认为,"人的感觉,激情等等不仅是在〔狭隘〕意义上的人类学的规定,而且是真正本体论的本质(自然)肯定。"人的欲望的对象是作为不依赖于他的对象而存在的。人们通过消费(吃、喝)既是对对象的扬弃,又是对对象的肯定。没有人之外的自然界,人的任何一种情欲都无法满足。这个观点,在《神圣家族》中继续得到发挥。人的"世俗的胃也每天提醒他在他以外的世界并不是空虚的,而真正是把他灌饱的东西"。在另一处讲到爱情时,认为爱情是非批判的,非宗教的唯物主义者,因为爱情至少承认被爱者是感性的对象,是自己之外的存在,"爱情第一次真正地教人相信自己身外的实物世界,它不仅把人变成对象,甚至把对象变成人"。

《手稿》的论证不足之处也是很明显的。它把实践证明、无神论证明、感性证明不分主次地混在一起。其中感性证明源于费尔巴哈。费尔巴哈在《未来哲学原理》中曾经说过,"证明有物存在,并没有别的意义,只不过是证明有一种不只是被思想的事物存在。然而这个证明是不能从思维本身中汲取出来的","只有通过感觉,一个对象才能在真实的意义之下存在"①。实证科学的证明,来自当时已有的科学成就和观点。真正具有独创性的是实践证明,即通过劳动证明自然的客观实在性。在《关于费尔巴哈的提纲》中,马克思把实践证明提到首位,从而彻底廓清了费尔巴哈的影响。

在人类出现之前的自然界、在人的活动范围之外的自然界,它的客观性问题对于一个没有被唯心主义弄昏头脑的人是容易理解的。问题是作为人的作品和现实的自然界,在何种意义上仍然是客观的?

毫无疑问,作为人的作品和现实的自然界(物质产品和被改造过的自然环境),同纯粹的、尚未被人的活动改造过的自然界相比,当然有自己的特点。例如,后者先于人而存在,是人存在的前提,它只提供它可能提供的东西,前者是人的活动产物,它提供的是人所需要的东西。因此,它的存在方式和形态,凝聚了人的目的和愿望,打上了人的烙印,反映了一个民族和时代达到的生产力和科技水平。

---

① 《费尔巴哈哲学著作选集》上卷,荣震华、李金山译,商务印书馆1984年版,第155—156页。

承认作为人的作品和现实的自然界是非常重要的。它是社会和自然的交往领域。从哲学上说它打破了三个封闭性。一是打破了人的封闭性。马克思不再从孤立的、封闭的单个人自身寻找人的永恒本质，而是从人与自然的关系中、从人的活动中考察人的本质的变化。二是打破了社会的封闭性。如果撇开了人对自然的改造来考察社会，势必把社会看成是孤立的封闭系统。这种不与自然界进行物质、能量、信息交换的社会既不可能产生，也不可能存在下去。就人类生存而言，人不能离开自己创造的自然界；就人类社会的发展、文明的创造而言，同样不可能离开自己创造的自然界。可以说，同纯粹自然相比，作为人的作品和现实的自然界是人的更为现实更为切近的基础。三是打破了自然的封闭性。当然，自然是相对独立的系统，但是自然界作为人的作品和现实，意味着它在人的参与下发生变化。

但是，被纳入人的活动范围之内的自然界，并没有因此而改变它的客观本性。

作为人的作品和现实的自然界仍然是物质世界。无论它表现为生产工具、劳动资料、劳动产品，或者表现为人们生存的自然环境，都是物质的具体存在形态。人们通过劳动把一种物质形态改变为另一种形态。自然界的物质并没有消失，而是以新的形态继续存在于现存的感性世界之中。

作为人的作品和现实的自然界，作为人的创造物的自然界，当然体现了人的目的，打上了主体的烙印。但人要实现自己的目的，必须符合自然规律。我们可以迫使自然界做符合人类需要的事，但不能迫使自然界做违背自己本性的事。我们所说的创造奇迹，实际上是对自然奥妙的揭示,使可能性变成现实,而不是从虚无中创造出物质。

四、自然对社会的影响及其方式

就自然考察自然,始终是自然界内部各种物质运动形态的关系,永远走不出自然界的自身的范围。人类社会的出现,赋予自然界以另一种性质,即作为人类社会生存的环境和条件。社会物质生活条件、自然环境、生态环境等概念,表达的不单纯是自然的客观特性,而是它对社会的功能。自然界中的诸要素之所以具有社会生存环境的意义,它的作用的性质和程度,存在于社会和自然的相互关系之中。

社会对自然存在某种程度的依赖关系。任何一个社会都有自己的生存空间。它所在地区会有不同的地形、土壤、水系、矿藏、动植物系等,它们必然会以各种方式对社会发生作用。例如古代埃及文明、巴比伦文明、印度文明、中国文明同尼罗河流域、两河流域、印度河与恒河流域、黄河流域存在着某种联系。问题是如何看待社会与自然相互关系的性质和作用方式。从古希腊时期的希波克拉底起就开始了关于社会和自然相互关系的探索。后来,博丹、孟德斯鸠、黑格尔在这方面都作出过不同的贡献。但真正科学解决这个问题的是创立了唯物史观的马克思和恩格斯。

自然条件对社会的影响究竟表现在哪里?

社会领域是人的领域,人们最容易看到的是人的生理特性和心理特性对自然环境的依赖关系,因而开始考虑的视角和着力点是自然环境对人的种族特征和心理特征的作用。希波克拉底就是这种观点的首创者,他强调自然环境对人的体质特征和性格的决定作用。的确,人的种族特征和民族性格同自然条件的联系是存在的。认识到这一点,应该说是社会理论的一个进步。

可是,社会终究不是人的总和,而是表现为社会结构,即一定的经济制度及矗立其上的上层建筑的总体性存在。探讨自然和社会的关系,最重要的是探讨自然环境与社会制度的关系。文艺复兴以后,哲学家们的注意力,已从自然环境→人(人的生理特征和心理特征),进入到自然环境→社会制度的关系。例如,16世纪法国的政治思想家和社会学家让·博丹认为,社会是不依赖于人的意志而在自然环境的影响下形成的。他强调古代雅典的三种不同的地理环境决定了三种不同形式的政府。法国的思想家孟德斯鸠,系统发挥了博丹的思想理论。他在《论法的精神》中,就试图从人类社会不可缺少的自然环境中寻求社会问题的答案,认为各种不同的国家制度、法律形式决定于人类社会所依存的自然环境。

其实,上述考察问题的方式并不是对立的,而是递进的。博丹、孟德斯鸠并不否认自然环境对人的生理和心理的制约作用,相反,以它为中介,找到一条自然环境决定国家制度和法律制度的通道,即自然环境→人的生理和心理特征→国家和法律制度和形式。

要真正科学地理解社会与自然的关系,必须打破只看到自然对社会作用的片面的自然主义的思维模式,应该充分估计它们之间的相互作用,特别是要找到社会和自然相互作用的纽带。人类社会同外部自然界最直接、最密切的接触点是劳动。社会和自然的相互作用,自然条件对社会的影响的性质和作用的大小,都是发生在物质资料生产过程之中,而不是发生在物质生产过程之外。

在这方面迈出重要一步的应推黑格尔。他在《历史哲学》中辟有专章"历史的地理基础"讨论这个问题。黑格尔重视地理环境的作用,他说:"助成民族精神的产生的那种自然的联系,就是地理的基础"①。但是,黑格尔反对片面估计地理环境的作用:"我们不应该把自然界估量得太高或太低:爱奥尼亚的明媚的天空固然大大地有助于荷马史诗的优美,但是这个明媚的天空决不能单独产生荷马。而且事实上,它也并没有继续产生其他的荷马。"②

黑格尔卓越之处还在于,他把地理环境的作用同人的生产活动联系起来,并考察了不同地区的生产特点以及它同社会状况的联系。尽管黑格尔把地理环境作为绝对观念自我实现的舞台,但他突破自然环境与人的生理和心理联系的狭隘范围,进入分析地理环境与生产活动的关系,这是富于启发性的思想闪光。

科学地解决社会和自然关系问题的当然是马克思和恩格斯。他们创立的唯物史观,把物质资料生产方式作为整个社会存在和发展的基础,从而避免了任何抽象人本主义,自然主义、唯心主义的片面性,对社会与自然相互作用的原因和方式作出了回答。

马克思和恩格斯从来肯定地理环境对社会的作用。他们在《德意志意识形态》中,已经提出了要"深入研究各种自然条件——地质条件、地理条件、气候条件以及人们所遇到的其他条件"的问题。他们强调:"任何历史记载都应当从这些自然基础以及它们在历史进程中由于人们的活动而发生的变更出发。"

---

① 黑格尔:《历史哲学》,三联书店 1956 年版,第 123 页。
② 同上。

　　马克思在论述亚细亚生产方式时,曾经强调作为游牧部落共同体的变化对外部自然环境的依赖性:"一旦人类终于定居下来,这种原始共同体将依种种外界的(气候的、地理的、物理的等)条件,以及他们的特殊的自然习性(他们的部落性质)等等,而或多或少地发生变化。"

　　马克思在《资本论》中论述产品向商品转化时,曾经强调,"不同的公社在各自的自然环境中,找到不同的生产资料和不同的生活资料。因此,它们的生产方式、生活方式和产品,也就各不相同。这种自然的差别,在公然互相接触时引起了产品的互相交换,从而使这些产品逐渐变成商品。"

　　恩格斯在《奥地利末日的开端》中,对南德落后进行过分析。早在中世纪的后半期,意大利、法国、英国、比利时以及德国的北部和西部都已纷纷摆脱了封建的野蛮状态,而德国的一部分却落后于西欧的发展水平。为什么?恩格斯说:资产阶级文明沿着海岸、顺着江河传播开来。内地,特别是贫瘠而交通阻塞的山区就成了野蛮和封建的避难所。这种野蛮特别集中于远离海岸的南部德意志和南部斯拉夫区域。这些远离海洋的地方因阿尔卑斯山脉而跟意大利的文明隔绝,因波希米山脉和莫拉维亚山脉而跟北德意志的文明隔绝。这就是说,远离海洋和大山阻隔、交通阻塞,成为南德意志落后的又一个重要原因。

　　可是从马克思主义观点看来,地理环境对社会的作用究竟是决定性的还是非决定性的?它如何起作用,即起作用的方式和机制是怎样的?在根本不适合人类生存的星球上,不可能存在人类社会;一次大地震或火山爆发,可以永远埋藏一座城市;没有草原,不可能发展畜牧业;远离海洋,不可能有发达的航海事业。诸如此类的例子我们可以举出一大堆。这些能说明地理环境的决定作用吗? 不能。当我们考察地理环境在社会发展中的作用时,我们是在对社会进行总体性的哲学思考。我们要回答的不是作为生物学的人究竟在什么样的自然条件下能够生存的问题,而是一个社会制度的性质、面貌,它发展的根本动力是由什么决定的问题。

一次大地震或火山爆发固然可以毁灭一个城市,但自然灾害终究是暂时的、偶然起作用的因素。真正决定社会生存的、决定社会性质和面貌的是物质资料生产。任何一个社会,只要停止生产,社会就会毁灭。正是在生产中,形成了不同的生产方式,并在它的基础上建立起相应的上层建筑。社会的发展,归根结底是生产的发展。年复一年的简单再生产,意味着社会的停滞;而不断地扩大再生产,意味着社会的进步。生产的发展,推动了科学与文化的进步,带动了整个社会。

地理环境对社会发展的作用是间接的,它必须通过生产起作用。劳动是人与自然的物质交换器,它不断把外部自然环境转换为社会的内在要素,转变为劳动对象、劳动原料、生产工具,从而使自然条件在生产过程中并通过生产对整个社会发挥作用。

在社会发展中,地理环境的作用是个变数。它的作用的性质、大小,依存于生产力和科技水平。在这个意义上可以说,自然对社会的影响并不是自然的产物,而是社会的产物,例如,海洋曾经是一个国家的天然边界和屏障,随着造船工业的发展,它转变为加强联系、沟通文化贸易的通道,而且对一个国家和民族的文化发展起到重要作用。

从历史发展角度看,地理环境在人类社会早期的作用是比较大的,但不能由此得出结论,科学技术与地理环境在社会发展中的作用是逆向运动:科学技术的作用越来越大,地理环境的作用越来越少,是趋向于零的无限进程。其实,科技发展改变的是地理环境中不同因素的作用,而不是否定地理环境的作用。如果说,资本主义工业的发展使古代不被重视的煤成为重要能源的话,那随后的工业发展使石油变得更为重要。在当代,原子技术的发展把铀矿的重要性推到前端。生产力和技术的发展可以弥补、减少对某种自然条件的依赖性,又可增加对另一些条件的依赖性。因此,地理环境作为社会物质生活条件,作为人与自然物质交往的领域是永恒起作用的因素,决不会趋向于无,问题是要对这种作用给予科学的估计。

五、人与自然关系的社会制约性

自然界既是不依赖人的意识而存在的客观实在,又是人的作品和现实。作为前者,它反抗人的意志的任意"欺凌",按照自己固有的规律运行,破坏自然生态必然引起自然的报复和惩罚;作为后者,它必须满足人的合理需要,实现人的目的和愿望。这二者之间的矛盾,集中地表现为人同自然的冲突和协调。

冲突与协调,是人与自然的两重性关系。人类社会的发展进程,不能简单地描绘成从协调走向冲突,或者从冲突走向协调,而是始终在协调和冲突的矛盾中前进,因此始终存在一个正确处理人与自然关系的问题。但是生产力发展水平不同、社会制度和社会组织形式不同、文化背景不同,使人与自然的冲突和协调具有鲜明的时代特征。

人与自然有两种不同类型的冲突与协调。

就冲突而言,一种是自然环境的恶劣,如资源的缺乏、气候极端寒冷或酷热,不适宜人类的生存和发展;另一种是人类自己活动破坏了自己的生存环境,使原来适宜于人类生存的环境变为不适应于人的生存。第一种冲突与生产力水平低下相联系,第二种冲突则与生产力的一定发展相联系。为了克服第一种类型的冲突,人们必须发展生产力,改变人的生存环境,迫使自然提供人类需要的东西;可是生产力的发展,缓解了第一种类型的冲突,又可能导致第二种类型的冲突,即由于生产力发展带来的环境的破坏,使本来适宜于人类生存的环境恶化,丰富转向匮乏,有利变成不利。

就人与自然的协调来说,也有两种类型的平衡。一种是自然生态系统没有受到外力的破坏和干扰,凭借自身自我调节而保持的平衡,这是原生的自然生态系统的平衡。在这种平衡中,人处于依赖和服从自然的地位。尽管也可能出现某些破坏自然环境的情况,但自然界通过自我调节,很快地恢复人与自然的平衡状态。另一种是不断地改变原生的生态系统的平衡,通过人对自然的积极干预和改造,创造了一个适合人类生存的生态环境,这是人工生态系统的平衡。

原始文明,并不是人与自然和谐共处的"黄金时代"。从第一种类型的冲突说,人与自然的矛盾非常尖锐。生活资源的匮乏、气候的变幻无常、疾病的袭击、野兽的侵扰,使原始人类处于非常艰苦的境地。只是由于生产力水平极其低下,因而由于生产力的发展而带来的生态平衡的破坏是极小的。所谓人与自然的和谐,是人对自然绝对依赖的一种假象。其实,这时自然与其说是人的宽厚的母亲,不如说是刻薄的继母,它既哺育人类又极其凶狠。

当人类由采撷经济和狩猎经济进入到农业文明后,人与自然的关系发生了很大的变化。人的生存状况,已经不是取决于自然提供的资源(野生的动植物),而是取决于自己的劳动(耕作)。当然,人仍然依赖自然,对农业来说,再没有比土壤气候、水源更重要的了。但这种依赖存在于生产过程之中,而不是生产过程之外。自然界作为劳动对象和条件进入到人的实践领域。人已经不是等待自然的恩赐,而是向自然索取。

就人与自然关系说,农业生产在空间方面明显地具有地区局限性。人们在缺乏广泛交往的情况下,在狭小的生产规模范围内与自然发生关系。而在时间方面是有明显的周期性。农业生产的季节性,决定人与自然的关系以一定节奏不断重复。

无论是东方还是西方,在农业劳动基础上人类创造了灿烂的物质文明和精神文明。古代巴比伦文明、埃及文明、希腊罗马文明、中国文明、印度文明,都是与农业生产密切联系的。尽管在农业生产中,耕作如果自发进行,而不是有意识地加以控制,毁林开荒,水土流失,也会导致相反的结果,如马克思所列举的波斯、美索不达米亚以及希腊等地那样,但整个说来,人与自然平衡的破坏是局部的、地区性的,而且自然凭借自我调节的力量使失去的平衡得到修复。人们从自己的生产活动中得到的主要不是惩罚和报复,而是生存和发展。因此在农业劳动中,人与自然的关系比较协调,温情脉脉,农民对土地的感情达到宗教虔诚的地步。以土地为中介的人与人的奴役关系,为人与自然的"田园诗"般的关系所掩盖。中国古代诗歌中不少浸透着对自然的眷恋之情。"稻花香里说丰年,听取蛙声一片"所陶醉的正是这种境界。

西方从 14 世纪前后开始,以机器生产为特征的资本主义工业文明逐步兴起,并以加速度方式向前发展,使人与自然的关系呈现出新的形态。

作为人与自然中介的,已经不是简陋的手工工具,而是机器体系。人们凭借机器,大大增强了改造自然的力量。特别是大工业生产,第一次使自然科学直接为生产过程服务,科学技术能变为直接的生产力,更增加了人类控制自然改造自然的能力。与此相适应,人们的观念逐步发生变化,科学和理性代替了迷信和特权,对人和主体性的崇拜压倒了工业化初期的机械论观点。几乎在每一个工业化国家,环境污染问题都已初见端倪,但人们醉心于自然力的被征服、机器的采用、化学在工业和农业中的应用、轮船的行驶、铁路的通行、电报的使用、大陆的开垦、河川的通航。总而言之,仿佛用法术从地下呼唤出来的生产力的发展,使人们对自身的力量充满了信心,完全忽视了自然对人的可能报复。

20 世纪 70 年代开始,新的科技革命极大地提高了人类控制自然、改造自然的能力,开拓越出了地球的界限,飞向宇宙空间。但同时使原来处于隐蔽状态的人与自然的矛盾急剧尖锐化,使人类面临着一系列全球性问题,诸如沙漠化日益严重,森林遭到严重砍伐,野生动物大量灭绝,世界人口急剧增长,饮水资源越来越少,渔业资源日益枯竭,河水严重污染,大量使用农药的危害,地球温度上升,酸雨现象发展,等等。20 世纪 70 年代初,B.沃德、R.迪博曾总结联合国环境会议的内容,反映世界几十位专家对生态危机的忧虑,出版过一本题为《地球只有一个》的著作,向人们敲起了警钟。后来国际人道主义问题独立委员会组织有关专家编写的《正在消失的森林——森林滥伐给人类带来的后果》《正在侵蚀土地的沙漠人类的失误所造成的种种后果》,对滥伐森林造成的生态环境的恶化,发出了呼吁。人们热情讴歌的科学技术,似乎变成了"魔盒"。人们正在为自己的成就而苦恼。

自然对人的惩罚,原因并不在于自然,而在于人类自己。是人对自然的掠夺态度和行为造成的。自然的反抗向人类表明,人不可能单纯以征服者、统治者的身份君临自然,而必须把自然当作平等的伙伴。在人与自然的关系中,片面强调主体的作用、强调主体的愿望和需要,根本不顾及自然的客观本性及其规律,往往事与愿违、适得其反。可以说,人类对自然的最早依赖,导致对自然的原始崇拜;人类改造自然能力的不断强化,导致人们意识的觉醒和对人的主体地位的推崇。可是生态环境的恶化,迫使人们再次把视线从后方转向自然。人们从实践中体会到,人不仅要了解"自我"、了解人、了解人的需要,而且应该了解自然、了解自然的需要。这当然不是否定人的主体地位,而是反对片面地抽象地夸大主体的作用,真正把人的主体能动作用建立在客观规律的基础上。

人与自然不仅存在改造和被改造关系,还存在价值关系,即被改造的自然对人类的实际效用及其评价。人与自然关系的实质是人与自己生存环境的关系,因此人对自己活动的性质及其成果的评价,要看它是否有利于自身的生存和发展。单纯迫使自然提供更多的产品,而不考虑这种增产的负效应,特别是它的长远效果,这是人类改造自然活动中的短期行为。全部人类史，特别是工业发展史表明，自然界不仅是生产资料和生活资源的来源，而且是人类栖息之所，如果人用双手为自己创造一个不适应自身生存的环境，这将是人类的"自戕"。

这当然不是说，原始的生态平衡是绝对的、不可打破的。事实上，生产力的发展，特别是近代工业的突飞猛进，不断地打破原有的平衡，建立新的生态平衡。问题是在当代的科技革命中，旧的平衡的破坏并没有导致新的平衡的建立，而是越来越倾斜，从而引发了全球性的生态危机。

学者们在探讨人与自然关系问题时记起了马克思和恩格斯。的确，关于自然报复问题，恩格斯曾经指出过。他说："如果说人靠科学和创造天才征服了自然力，那么自然力也对人进行报复，按他们利用自然力的程度使他们服从一种真正的专利，而不管社会组织如何。"他还警告人们不要忘乎所以，视自然为无物，"我们不要过分陶醉于我们对自然界的胜利。对于每一次这样的胜利，自然界都报复了我们。"马克思年轻的时候，在他的《手稿》中，把扬弃人与自然的冲突作为他的理想社会的状态，并且强调人应该从人的角度，以人的方式对待自然，而不能单纯把自然作为提供资源的仓库。用马克思自己的话说，这就是："需要和享受失去了自己的利己主义性质，而自然界失去了自己纯粹的有用性，因为效用成了人的效用。"自然界变为人的效用，即人不再像动物那样仅仅借助自然界满足自己的肉体需要，而是同时为自己创造一个赏心悦目、适宜生存的优美环境。人已经不再简单是自然征服者，而是把社会进步同自然环境优化结合起来，促使人与自然共同进化，协调发展,形成人—社会—自然系统的良性循环。

我们不能离开社会制度来考察人与自然的关系。当我们把生态危机说成是全球问题时,只是就它一定程度的普遍性,特别是就它的危害的深度和广度而言,而不是说它超越一切社会制度。环境污染有着工业发展带来的某种共性,但更重要的是社会制度问题。生态危机的实质也不是一个人的危机问题,仅仅依靠人道主义的呼吁是解决不了这个问题的。恩格斯在讲到协调人与自然关系时说过:"要实行这种调节,单是依靠认识是不够的。这还需要对我们现有的生产方式,以及和这种生产方式连在一起的我们今天的整个社会制度实行完全的变革。"当所谓全球问题和共同利益成为一种潮流时,重新提起恩格斯这段名言是非常必要的。

坚持人与自然和谐共生,是中国特色社会主义理论的重要内容。习近平总书记指出,绿水青山就是金山银山,强调建设生态文明是关系人民福祉,关乎民族未来的千年大计,是实现中华民族伟大复兴的重要战略任务。在中国特色社会主义"五位一体"的总体布局中,生态文明建设具有重要地位。习近平主席在第二届"一带一路"国际高峰论坛开幕式上的主旨演讲中,提出要坚持开放、绿色、廉洁理念,把绿色作为底色,推动绿色基础建设、绿色投资、绿色金融,保护好我们赖以生存的共同家园。

责任编辑:洪　琼

版式设计:顾杰珍

图书在版编目(CIP)数据

马克思主义哲学是大智慧/陈先达 著;周文莲 编. —北京:人民出版社,
　2019.6(2023.12 重印)

ISBN 978－7－01－020816－9

Ⅰ.①马…　Ⅱ.①陈…②周…　Ⅲ.①马克思主义哲学-基本知识
　Ⅳ.①B0-0

中国版本图书馆 CIP 数据核字(2019)第 093002 号

马克思主义哲学是大智慧

MAKESIZHUYI ZHEXUE SHI DAZHIHUI

陈先达 著　周文莲 编

人民出版社 出版发行

(100706　北京市东城区隆福寺街 99 号)

中煤(北京)印务有限公司印刷　新华书店经销

2019 年 6 月第 1 版　2023 年 12 月北京第 4 次印刷

开本:710 毫米×1000 毫米 1/16　印张:12.25

字数:200 千字　印数:12,001-15,000 册

ISBN 978－7－01－020816－9　定价:56.00 元

邮购地址 100706　北京市东城区隆福寺街 99 号

人民东方图书销售中心　电话 (010)65250042　65289539

版权所有·侵权必究

凡购买本社图书,如有印制质量问题,我社负责调换。

服务电话:(010)65250042